KB069606

언어심리

핵심 주제

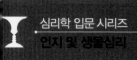

심리학 입문 시리즈
인지 및 생물심리

언어심리

| 김영진 저 |

핵심 주제

학지사

인지심리학 시리즈를 내며 <<<

정보화 사회, 지식 사회, 지구촌 시대라는 표현만큼 21세기를 특징 짓는 말도 없을 것이다. 이런 변화는 우리 삶을 편리하게 해 주지만, 이미 있던 문제의 심각성을 증폭시키기도 하고 새로운 문제를 발생시키기도 한다. 인터넷을 통해 언제, 어디서나 원하는 정보를 탐색할 수 있고, 필요한 물건을 구입하고, 여러 업무를 처리하게 된 생활 방식의 변화는 정보의 홍수 속에서 생각하지 않는 사람을 만들어 내는 부작용을 드러낸다.

지구촌 시대가 되면서 이제는 문화 간의 충돌이 국가 간의 문제가 아니라 일상인들의 생활 속에서 문제가 되었다. 사람들 간의 문제, 조직의 문제도 이전보다 더욱 중요하게 되었다. 정보화 기기를 비롯한 다양한 기계가 매일매일 삶에 유입되면서 사람들 간의 문제뿐만 아니라 사람과 기계 간의 문제도 중요한 적응의 문제로 등장하였다.

이러한 급속한 변화 속에 적응해서 살아가야 하는 우리에게 인간의 행동과 마음의 작동 원리를 밝히는 심리학에 대한 이해는 그 어느 때보다 절실해지고 있다. 하지만 일반인들이 부담을 느끼지 않고 쉽게 이해할 수 있는 심리학 서적은 아직 많지 않다. 대학교 교재로 사용하는 심리학 개론서는 그 양이 방대하고 용어와 서술 방식이 학문적이어서 일반인들이 읽기에 부담스럽다. 반면, 일반인을 위한 대중서는 깊이가 없는 경우가 많다.

이에 일반인들이 부담 없이 쉽게 읽고 이해할 수 있으면서 심리학에 대해서도 체계적으로 이해할 수 있는, 즉 두 마리 토끼를 잡을 수 있는 심리학 시리즈를 기획하게 되었다. 부담을 적게 하기 위해 심리학의 기본 주제별로 소책자 형식으로 만들기로 했으며, 체계적인 이해를 얻게 하기 위해 시리즈 형식으로 구성하기로 하였다. 각 권은 해당 주제의 기본 이론과 기본 과정을 쉽고 재미있게 집필하기로 하였고, 전체 구성이 일관되고 짜임새가 있도록 인지심리, 사회심리, 발달심리별로 책임 기획자를 선정하여 집필진을 구성하고 발간 작업을 진행하기로 하였다.

인지심리학은 우리가 어떻게 환경과 자신에 대해 아는지, 그리고 일상생활에서 직면하는 과제들을 수행하는 동안 이런 지식을 어떻게 활용하는지의 문제를 다루는 심리학의 한 분야다. 예를 들어, 인지심리학은 다음 사분기 경제 전망이 어둡다는 인터넷 기사를 보고 얼마 전부터 눈여겨보았던 새 옷 구입 계획을 취소하는 결정을 내리는 것처럼, 외부에서 일어나는 사건 자극이 감각기관에 입력되는 과정에서부터 행동으로 출력되기까지 과정의 처리 방식과 특징을 알아보려고 한다. 이를 알아보기 위해 심리학 시리즈에서는 인지심리학 관련 주제로 아홉 권의 소책자를 기획하였다. 먼저, '뇌와 마음'에서는 사람의 인지 과정을 뇌의 활동 수준에서 설명하려는 연구들에 대해 알아본다. 나머지 여덟 권('주의' '지각' '학습' '기억' '개념과 범주' '언어' '문제해결' '사고')에서는 인지 과정의 대표적인 세부 과정별로 각 처리 과정의 특징과 실생활에서의 응용 방안 등에 대해 알아본다. 인지심리학 시리즈가 사람의 인지 과정에 대한 이해를 향상시키고, 이를 일상생활에 적용하려고 시도하는 데 기여하기를 바란다.

2011년

도경수

머리말 <<<

 일전에 필자와 인지심리학을 전공하는 동료들이 함께 얘기하며, 복잡해 보이는 인지 과정을 '명쾌하게 설명하고 그 시사점을 일반인들과 공유'하는 것이 중요하며 꼭 필요한 작업이라고 공감한 적이 있다. 그때 필자는 아무리 단순한 현상도 어렵고 복잡하게 설명할 수 있으며, 일반 사람들을 혼란에 빠트릴 수 있다고 거꾸로 농담(?)한 적이 있다. 자, 이제 필자가 언어심리학의 실제 연구를 예로 들어 여러분을 복잡함의 구렁텅이에 빠트리겠다.

 예를 들어, "철수를 때린 영희가 영수를 쫓아간다." 같은 주절이 정상적인 문장보다, 주절의 목적어를 앞으로 도치한 "영수를 철수를 때린 영희가 쫓아간다."라는 문장이 사람들이 이해하는 데 더 어려우며, 특히 넷째와 마지막 단어에서 긴 읽기시간을 보인다. 왜 그럴까? 이 위치에서 어떤 인지 과정이 작동하기에?

이 결과를 얻는 데 사용한 연구 방법이 조금 다를 수 있는데, 앞에서 예로 든 문장 전체를 한 번에 제시하며 읽게 하거나, 문장을 이루는 단어들을 하나씩 화면 중앙에 제시하며 읽게 하여 시간을 측정할 수 있다. 혹은 문장 전체의 틀을 유지하며 한 단어씩만 보게 할 수도 있다. 즉, "철수를 _ _ _ _ _ _ _."를 먼저 읽게 하고 연이어 "_ _ _ 때린 _ _ _ _ _ _ _."를 읽게 하는 방식으로 단어를 제시하며 마지막 단어까지 보게 하면서 각각의 읽기시간을 측정하는 방법이다. 이 방법을 언어심리학에서는 '자기 속도대로 읽기 과제(self-paced reading task)'라고 하며 언어심리학의 문장 이해 과정 연구에서 자주 사용하는 방법이다. 물론 이 세 가지 방법에 따라 읽기시간의 패턴이 달라지고 시간 결과 자체도 조금씩 달라진다. 그렇다면 어떤 방법에 기초하건 도치 어순의 읽기시간이 왜 더 길어질까? 어떤 이론적 설명이 가능할까?

이 현상에 대하여 대략 세 가지 방식으로 설명할 수 있다. ① 언어학적 분석에 기초한 이론, ② 정보의 저장과 처리를 담당하는 작업기억에 기초한 이론, ③ 언어학적 분석과 작업기억을 모두 고려한 이론 등이다(이 세 이론의 차이를 아주 세세히 설명하면 여러분을 더 혼란에 빠트릴 수 있지만 생략하기로 하고).

두 문장 구조(정상 어순과 도치 어순, 두 가지)에서 이 세 이론이 서로 다른 읽기시간을 보일 것이라는 예측(세 가지)과 여러 실험 방법(세 가지)의 차이를 고려하며 어느 설명이 타당한가를 논리적(즉, 모두 열여덟 가지 가능성, 2×3×3=18)으로 구분해 풀어낼 수 있는 계획을 짜고 실험 설계로 구체화한다. 아울러 앞의 두 문장 구조에 다소 변화를 주어

(예를 들어, 문장에 사용하는 단어의 종류를 바꾼다든지 하는 식으로) 새로운 문장들을 만들고 이를 추가하여 실험을 확장할 수도 있다.

그리고 서너 개의 실험 결과에 기초해, 한 결과는 한 이론이 타당함을 지지하고 다른 결과는 다른 이론을 지지한다고 논의할 수 있다. 그리고 독자 여러분만 허락한다면(물론 허락하지 않겠지만) 몇 가지 결과는 단순히 실험 방법의 차이에 기인할 가능성에 대해 한 시간에 걸쳐 여러 가능성을 논의할 수 있다. 물론 이러한 논리적 가능성의 묘미를 즐길 수 있는 독자들도 있을 것이며, 이것이 실제 언어심리학 탐구의 모습이기도 하다. 이론적 바탕에 근거한 예측과 실험을 통한 검증 과정을 통해 현상을 잘 설명하는 이론을 만들어 가는 것이 과학적 탐구의 정수이기 때문이다.

필자가 이 예를 든 이유는 바로 이 책에서 이런 식으로 책을 집필하는 잘못을 범하지 않으려고 노력했다는 점을 반대로 보여 주기 위한 것이다. 언어심리학의 구체적 탐구 절차가 아닌 탐구를 통해 얻게 된 통찰과 시사점을 정리해야 되기에 우선 실험 방법론에 대한 논의를 특별히 필요한 경우를 제외하고는 최소화하고, 차이를 과감히 무시하였다. 여러 다른 이론이나 설명의 차이를 논리적으로 따지기보다는 설명의 공통점으로 통합하려고 했다. 아울러 언어심리학에서 다루는 여러 다양한 연구 주제들도 과감히 생략하였고(앞에서 예로 든 도치 어순의 효과도 제외하였다!) 그야말로 대표성을 갖는다고 판단되는 한두 연구만을 포함시켰다. 물론 필자의 독자적인 결정이기에 같은 분야를 연구하는 다른 언어심리학도는 동의하지 않을 수 있다. 단지 '명쾌함을 공유'하기 위해서! 하지만 이 '명쾌함'을 얻으려고 하다 보니 과도하게 현상을 단순화하고 일반화하는 우를 범했다는 생각을 떨칠 수 없는 것도 사실이다. '명쾌함'의 다른 얼굴이 '무모함'일 수 있기 때문이다.

그리고 집필을 하며 가상의 독자를 앞에 놓고 어떤 내용을, 어떤 순서로 어떻게 제시하며 언어심리학 탐구의 재미를 전달할 수 있을지를 고민하였다. 사실 필자에게도 언어심리학 강의는 쉽지가 않다. 수강생들이 인지심리학에 관한 기본 지식, 즉 지각이나 기억 과정, 사고와 표상에 관한 지식을 갖고 있어야 여러 언어 심리 주제에 관한 설명이 쉬운데 그렇지 못한 경우가 많고, 더욱이 언어학의 여러 용어나 기본 개념을 사용해야 되기에 이를 미리 설명하다 보니 수강생들은 지루해지기 십상이다. 그러다 보니 여러 내용을 과감히 줄여야 한다는 생각과 그래도 이 내용은 언급해야 한다는 생각 간의 갈등이 이 책의 집필 과정이었다. 그래서 직관적으로 의미 있는 의사소통이라는 언어 사용의 맥락부터 시작해 설명하고 이를 출발점으로 덩이글, 문장, 단어의 역순서를 취하였다. 이에 대해서는 1장에서 부연 설명하였다.

필자의 의도가 얼마나 성공적인지 판단은 독자에게 맡긴다. 필자도 다시 내용을 검토하며 곳곳에 아쉬움이 남고 능력 부족이었음을 고백한다. 1950년대 이후 인지과학 분야에서 가장 활발히 탐구되어 왔던 언어심리학의 핵심 주제에 관한 개략적인 이해와 재미를 이 책을 읽는 독자들도 얻게 되기를 바랄 뿐이다. 좋은 책을 만들려는 김진환 사장님을 비롯한 학지사 모든 분의 노고에 감사드린다. 특히 필자의 거친 글을 다듬어 준 김서영 님께 감사드린다.

2018년 1월

김영진

차례 <<<

01

언어심리학이란? • 19

INTRODUCTION
TO
PSYCHOLOGY

01 _

언어심리학이란?

언어는 거의 모든 학문 분야에서 다루는 주제이기에 다양한 방식
과 접근으로 연구되어 왔다. 이 장에서는 언어의 세 얼굴, 즉 소통의 도
구로서의 언어, 인지 과정으로서의 언어, 규칙 체계로서의 언어라는 세
측면을 구분하였다. 그리고 두 번째 측면에 초점을 두는 언어심리학 분
야를 소개하였다. 특히 소통이라는 언어 사용의 근본적인 맥락에서 출
발하여 언어 이해 과정에 관여하는 기본적인 인지 과정만을 다루었음을
밝힌다.

심리학은 인간의 행동과 정신 과정의 바탕이 되는 마음을 연구하는 과학이다. 그러기에 언어가 앞에 붙은 언어심리학이란 분야도 여기에 맞춰 정의하면 될 것이다. 언어 사용을 가능하게 하는, 다시 말하면 말과 글을 이해하고 산출할 수 있도록 하는 마음의 작용을 연구하는 분야라고 규정하면 될 것이다. 독자들은 이 책이 인지심리학 시리즈의 한 분야로 언어심리학을 소개한다는 것을 알고 있을 것이며, 인지심리학은 인간의 앎의 과정을 탐구하는 분야라는 것을 알고 있을 것이다. 그리고 바로 앎의 과정, 즉 세상을 지각하고 기억하고 학습하는 과정에 관여하는 언어를 '언어심리'라고 표현하는 것이다.

그러면 인지와 언어의 관계는 무엇일까? 우선 언어가 전혀 관여하지 않는 인지 과정을 생각해 보자. 냄새 맡기나 색깔 보기 같은 몇몇 감각 과정이 구체적인 예라고 할 수 있을까? 이들 과정에서는 언어가 관여하지 않는다고 주장할 수 있으며, 여러분이 심리학 개론을 배울 때 처음 접하는 지각 과정 같은 주제는 실제로 언어와의 관련성이 거의 없다고 할 수도 있다. 하지만 우리의 경험 혹은 지식이 배제된, 그러기에 언어로 표현할 수 없는 순수한 냄새 맡기와 색깔 보기 같은 지각 과정이 가능할 것인가 의심스럽긴 하다. 왜냐하면 냄새를 맡다가 "이건 과일 냄새네."라고 하고, 색깔을 보면서도 "이건 바나나 노란색이네."라는 생각을 떠올릴 수 있기 때문이다.

말하자면 언어가 관여하지 않는 순수한 인지 과정을 생각하기란 쉽지 않다. 사실 우리의 보고 듣는 지각 과정이나, 대상에 주의를 기울이는 주의 과정, 본 것 들은 것을 기억하고 회상하는 기억 과정, 새

로운 내용을 학습하는 것 같은 일상에서의 생각이나 사고 활동 모두
에서 언어를 제외하려고 해도 뺄 수가 없다. 그러기에 언어심리학도
들의 생각이지만, 언어심리학이 곧 인지심리학이며, 다소 양보한다고
해도 인지심리학에서 어쩌면 가장 중요한 연구 분야가 언어심리학이
라고 해도 과언이 아니다. 물론 인지 과정을 탐구하며 언어보다는 다
른 과정에 초점을 둘 수 있으며, 반대로 이들 인지 과정을 탐구하면서
언어의 개입에 초점을 둘 수도 있다.

　"마음이라는 실체(즉, 인지 과정)를 언어라는 창이 가리고 있다. 우
리가 할 일은 언어라는 창을 깨끗이 닦아, 마음이 제 모습을 드러내
보이도록 하는 것이다."라는 언어심리학자 조명한(1978, 1995) 교수의
말이, 바로 마음의 작용을 탐구하는 인지 연구에서 언어에 대한 이해
가 필수적이라는 것을 웅변하고 있다.

1. 세 얼굴의 언어

　평소와 달리 화가 나면 전혀 다른 모습으로 변하는 〈두 얼굴의 사
나이〉라는 영화를 독자들이 알고 있는지 모르겠다. 이 영화의 사나이
처럼 언어를 변화무쌍한 세 얼굴을 가진 실체라고 비유할 수 있을지
모르겠다. 앞에서는 괜한 복잡함을 피하기 위해 언어라는 용어를 쉽
게 사용했지만 사실 언어라는 단어에는 여러 복잡한 측면이 포함되어
있다. 우선 우리가 말하고 듣는 입말 혹은 소리말도 언어이며, 역시

우리가 쓰고 읽는 글말도 언어라고 할 수 있다. 우리의 모국어인 한국어도 언어이며, 배우기 힘든 외국어도 언어이다. 즉, 이 모두를 포괄하여 언어라는 용어를 쓰는 것이다. 그리고 이렇게 포괄할 수 있다는 것은 입말, 글말 그리고 한국어와 외국어에 모두 공통적인 속성 혹은 얼굴 모습이 있다는 뜻일 것이다.

1) 소통의 도구로서의 언어

그러면 언어가 어떤 공통의 기능 혹은 역할을 갖고 있을까? 언어가 어떻게 탄생되었는가를 잠시 생각해 보면, 아마도 개체들 간의 소통과 의사 전달이 그 목적이었을 것이라고 추측할 수 있다. 즉, 사람들 간의 소통의 도구로서의 언어가 탄생하고 변화되었을 것이다. 우리가 동물들의 행동에서도 관찰할 수 있듯이 아마도 단순한 몸짓 혹은 소리 지름으로 출발하여 더 복잡한 문장, 담화로 변화되었을 것이다. 그러기에 언어가 소통의 도구라는 얼굴을 갖고 있는 것은 당연한 생각이다. 그렇다면 이러한 소통의 도구로서의 언어는 어떻게 사용되는 것일까? 소통의 바탕이 되는 인지 과정은 무엇일까? 이러한 관심은 커뮤니케이션학, 사회언어학, 사회심리학 등에서도 관심을 갖는 주제이지만 언어심리학적으로도 흥미로운 주제이다. 물론 이들 분야와 언어심리학이 소통의 다른 측면에 관심을 집중한다는 차이는 있다. 우리는 이 책의 2장에서 이런 소통과 관련한 흥미로운 언어심리학 연구를 살펴볼 것이다.

2) 인지 과정으로서의 언어

두 번째로 언어는 우리의 지적 활동의 도구로 기능한다. 즉, 언어가 기억하고, 사고하는 인지 활동의 수단이라고 생각할 수 있다. 혹은 확장하면, 언어를 사용하는 과정 자체가 우리의 인지 과정이라고 생각할 수 있다. 독자들도 스스로의 언어 사용 과정을 반추해 보길 바란다. 소리말이나 글말이라는 물리적 대상을 듣고 보아(즉, 받아들여), 어떤 식으로든 머릿속에서 그 대상을 처리하고, 대상이 의미하는 바를 알게 되는 것이라고 생각할 수 있다. 따라서 이를 언어를 처리하는 '정보처리과정(information processing)'이라고 여기고 이 과정을 자세히 밝히려고 한다.

우리가 보통 '생각한다(혹은 사고한다)'는 것도 실제로는 속으로 말이나 글을 떠올리는 것일 수 있기에 언어 사용 자체가 일련의 인지 과정인 셈이다. 앞에서 언급했던 것처럼, 언어가 인지심리학의 핵심 연구 주제인 이유가 바로 이것 때문이다. 물론 지각, 주의, 기억, 개념적 사고 등과 같은 인지 과정에 언어가 어떻게 사용되고 관여하는가는 다룰 수 있는데 이러한 탐구는 각 주제를 다루는 인지심리학도에게 넘기고, 언어심리학에서는 특히 언어를 어떻게 이해하고 산출하는가에 초점을 둔다. 즉, 우리는 단어의 의미를 어떻게 파악하고 기억하는가? 우리 마음(머리)속에도 사전과 같은 것이 있을까? 단어들이 조합되며 문장이나 긴 글을 만들어 내는데, 여기서 그 문장이나 글이 뜻하는 바를 알아채는 과정은 어떻게 이루어지는가? 이런 의문들에 답을

찾는 탐구가 언어심리학의 핵심이라고 할 수 있기에 언어가 인지 과
정이라는 얼굴을 갖고 있다고 표현하는 것이다.

우리는 3장에서부터 마지막 5장까지 이 문제와 관련한 언어심리학
연구들을 정리할 것이다. 사실 나중에 부연하겠지만 언어를 다루는
심리학도들이 가장 중요시하는 연구주제가 바로 이것들이기에, '언어
심리: 핵심 주제'라는 제목을 이 책에 달았다.

3) 규칙 체계로서의 언어

세 번째로, 한 가지 짚고 넘어가야 하는 것은 언어 자체의 특성이
다. 여러분은 어떤 외국인이 한국어 문장을 말하는 것을 들었을 때,
그 문장이 한국어다운지 아닌지를 판단할 수 있을 것이다. 어떻게 이
러한 판단이 가능한가? 이는 여러분이 한국어에 관한, 즉 한국어는 어
떻게 구성되어야 한다는 것을 '알고' 있기 때문이다. 즉, 한국어에서는
소리와 소리, 음절과 음절, 단어와 단어가 어떻게 조합되어야 하는지
를 아는 것이다.

이를 다시 말하면 한국어의 규칙(rules)을 안다고 말할 수 있는 것
으로, 뒤집으면 한국어라는 언어는 규칙 체계를 갖고 있다고 말할 수
있다. 실제로 언어학자들은, '문법(grammar)'이라고 부르는 언어의 규
칙 시스템을 구체화하는 탐구를 수행한다고 할 수 있다. 여러분이 고
등학생 때 배운 한국어나 영어 문법이 바로 이것이다. 물론 이 문법은
올바른 언어 사용을 위해 이렇게 해야 된다는 것을 배운 것이고, 언어

학자들은 한 걸음 더 나아가 그 문법을 어떻게 구성해야 하는가를 이
론적으로 탐구한다는 차이는 있다. 즉, 언어를 가능하게 하는 규칙 체
계를 구축하는 작업을 하는 것이다. 그래서 규칙이라는 얼굴을 언어
가 갖고 있다고 하는 것이다.

우리의 언어 사용 바탕이 이러한 규칙에 근거한다고 주장할 수도
있다. 언어학자들은 이 작업을 '심리언어학(psycholinguistics)'이라고
부르기도 하며, 심리학도들이 탐구하는 언어심리학과는 다소 다르게
언어의 규칙에 초점을 두는 연구를 한다. 예를 들어, 어떤 언어에서는
주어의 명사가 하나이면 동사에 's'를 붙여야 하는 규칙이 있는데, 실
제 언어 이해와 산출 과정에서 이 규칙이 어떻게 실현되는가를 탐구
할 수 있다. 실제 여러 언어학 관련 학과에서는 정규 교과목으로 심리
언어학 과목이 개설되기도 한다. 그런데 이러한 규칙 체계로서의 언
어 연구는 본 책에서는 자세히 다루지 않겠으니 관심 있는 독자는 여
러 언어학 서적을 참고하길 바란다. 하지만 본 책에서도 언어 현상을
설명하다 보니 언어학자들이 사용하는 여러 용어나 개념을 빌려 온
다. 용어들이 다소 낯설더라도 그때마다 간략히 부연 설명을 할 테니
미리 겁먹지는 않기 바란다.

2. 언어심리학적 탐구 주제

지금까지 언어의 세 얼굴, 즉 소통의 도구로서의 언어, 인지 과정으

로서의 언어, 규칙 체계로서의 언어에 관해 이야기했다. 하지만 이러한 구분은 설명의 편이를 위한 것이지 이 세 가지가 별개의 실체라는 의미는 아니며, 사실 서로 떨어질 수 없을 정도로 밀접하게 관련되어 있다는 점을 명심하길 바란다. 구체적 예로 특정한 소통 맥락이 문장의 이해에 필수적이며, 아울러 문장 구조에 대한 문법적 지식, 즉 규칙이 언어 이해와 산출의 인지 과정에 동원되어야 하기 때문이다. 즉, 소통의 도구로서의 언어와 규칙 체계로서의 언어 특성이 언어를 사용하는 인지 과정에 관여를 하는 것이다.

이런 의미에서 본다면 요사이 학문 탐구의 화두의 하나인 학제 간 혹은 융합 연구의 대표적인 주제가 바로 언어라고 할 수 있다. 즉, 여러 학문 분야들이 각기 독특한 접근 방법으로 언어를 탐구하고 이 탐구 결과가 통합·융합되며 인간 언어의 특성을 밝히고 있다.

또한 앞의 세 측면이 언어가 갖는 모습의 전부는 아닐 것이다. 언어에는 특정한 민족 혹은 국가의 역사가 스며들어 있을 것이고, 실제 언어가 사용되는 구체적 공간의 문화가 관여할 것이다. 또한 언어는 소설이나 시에서 나타나듯이 새롭고 아름다운 표현의 도구이기도 하다. 그러기에 계속 강조하지만 언어는 모든 인문 사회 과학의 연구 대상이 된다.

더구나 '언어심리학적'이라고 표현할 수 있는 여러 탐구 주제가 있을 수 있다. 인문 사회 과학뿐만 아니라, 자연, 공학, 의학, 교육 등 모든 분야가 언어에 관심을 갖고 있기 때문이다. 예를 들어, 언어 사용을 가능하게 하는 뇌와 신경계에 관한 신경생리학 탐구가 있다. 최근에 뇌의 활동을 영상으로 촬영하는 기술이 발전하며, 가장 첨단의 신경과학 연구들이 언어의 사용과 대뇌 활동을 관련짓는 탐구를 하고 있다. 구체적으로 언어 사용의 성차, 즉 남자와 여자의 언어 사용의 차이가 뇌 영상 사진으로 제시되기도 한다. 남자들이 주로 뇌의 좌반구를 언어 사용에 사용하는 반면, 여자들은 두 반구를 모두 사용한다는 결과가 있다.

여러분은 최근 스마트폰을 통해 말로 명령이나 지시를 하는 시스템을 구경한 적이 있을 것이다. 이처럼 인간의 소리말을 컴퓨터와 같은 인공 시스템에 구현하려는 공학 연구도 활발히 이루어지고 있다. 실제로 인공지능을 이용해 이러한 시스템을 개발하려는 노력이 IBM, 애플, 아마존 등에서 시도되고 있으며, 우리나라에서도 네이버가 이러한 작업의 시제품을 선보이고 있다.

앞에서 한 언어를 안다는 것은 그 언어의 규칙 체계를 아는 것이라고 말한 것을 독자들은 기억할 것이다. 그런데 신기한 것은 우리 모두가 어떤 특별한 교육을 받은 것 같지 않은데, 자연스럽게 모국어(엄마 말, mother tongue)를 하게 된다. 어떻게 우리가 모국어, 특히 소리말을 획득하게 된 것일까? 어떤 과정을 거치며, 이를 어떻게 설명해야 할까? 이런 어린아이들의 언어 능력이 어떻게 습득되고 발달하는지에 관한 발달 연구들도 아주 중요한 주제가 되며 많은 언어학도와 발달심리학도들이 이 문제를 탐구하고 있다. 사실 많은 언어심리학 교과서들이 이 언어 습득의 문제를 몇 개의 장에 걸쳐 포함시킨다. 사실 필자도 본 책에 이 내용을 간단하게라도 포함시킬까 고민을 많이 하였으나, 지면의 제약 때문에 이 역시 언어 습득에 관한 발달심리학 책에 넘기기로 결정을 했다.

한편, 자신의 모국어는 별로 어려움 없이 습득한 것 같은데 왜 외국어 공부는 그렇게 힘든지, 어떤 과정을 거쳐 외국어를 배워야 하는지 혹은 두 가지 이상의 언어를 자유롭게 사용하는 다중 언어 사용자는 도대체 머릿속에서 어떤 일이 일어나고 있는지를 탐구하는 언어 교육학 탐구 주제도 있다. 실제 최근 이중 언어 사용자에 대한 잘 통제된 연구는 이중 언어 사용이 우리의 인지 집행기능 관리에서 중요한 이득을 준다는 것을 밝히고 있다.

그런가 하면 언어 능력을 상실하는 실어증, 언어 발달에 장애가 있는 난독증에 관한 병리적 연구 역시 중요하다. 여러 임상적인 치료 장면에서 이들의 결함을 극복하도록 도와주는 탐구가 필요하기 때문이다. 심지어는 침팬지나 돌고래 같은 다른 종의 언어를 탐구하여 인간의 언어 특성에 시사를 얻고자 하는 연구도 있으며, 이도 언어심리학 탐구에 포함시킬 수 있을 것이다. 독자들도 '언어'를 키워드로 검색해 보면 이를 알 수 있을 것이다. 실제로 언어심리학을 집필하는 여러 학자들은 자신의 관심에 따라 위에서 언급한 내용을 언어심리학 교과서에 포함시키기도 하고 빼기도 한다.

3. 이 책의 계획

독자들이 앞의 설명을 읽고 '아이고, 언어심리학은 너무 복잡하네!' 라며 압도당했을지 모르겠는데 사실 필자도 마찬가지이다. 어느 연구자가 앞에서 언급한 모든 탐구 주제에 능통할 수 있겠는가? 그러기에 모든 탐구 주제를 나열하며 늘어놓기보다는 몇 가지 주제에 초점을 두는 수밖에 없다. 따라서 본 책에서는 이 책의 부제로 붙인 '핵심 주제', 즉 "언어에 관한 인지심리학 탐구"만을 다루고자 한다. 앞에서 언급한 것을 다시 부연하면 언어의 세 얼굴 중에서 두 번째인 인지 과정으로서의 언어에 초점을 둘 것이며, 이와 밀접한 관련이 있는 첫 번째 얼굴, 즉 소통 측면만을 조금 다루고자 하겠다.

물론 앞서 언급했듯이 언어의 세 가지 측면은 서로 관련되어 있기에 여러 연구 결과들을 설명하다 보면 세 번째 얼굴, 즉 언어 규칙 체계 구축에 사용하는 언어학 용어와 이론이 언급되기도 할 테지만, 앞에서 언급했던 것처럼 주된 초점은 인지심리학의 한 하위 분야로서의 언어심리학 설명이라는 점을 염두에 두길 바란다.

아울러 인지 과정으로서의 언어심리학의 커다란 두 주제는 언어 이해와 언어 산출이지만 본 책에서는 언어 이해 과정만 다루도록 하겠다. 언어 산출 과정이 덜 중요해서가 아니라 이해 과정에 관한 연구 결과들이 잘 정립되어 있기에 언어심리를 처음 접하는 독자들에게 더 쉬울 것 같기 때문이기도 하고, 본 시리즈의 제약을 수용해야 하기 때문이다.

우선 이 책의 차례를 한번 훑어보길 바란다. 차례를 접한 독자들 중 심리학 개론서나, 인지심리학을 수강한 경험이 있는 사람들은 다소 이상하다는 생각을 했을지 모르겠다. 보통 언어 이해 과정에 관한 설명은 언어를 구성하는 작은 단위인 소리나 낱자에서부터 시작한다. 즉, 음소나 낱자를 어떻게 지각하고, 더 큰 단위인 단어들을 우리가 어떻게 다루며, 단어가 결합되는 문장의 이해와 덩이글을 어떻게 이해하고 기억하는지를 설명한다. 그래서 1장은 전반적인 소개, 2장은 단어처리, 3장은 문장 이해 등으로 모든 언어심리학 교과서가 이 순서로 기술된다(예: Traxler, 2012).

하지만 본 책에서는 우선 대화 상황부터 시작하여 덩이글 혹은 텍스트 이해, 그리고 문장과 단어 식으로 순서를 뒤집어 기술하였다. 실제 언어 사용 맥락, 즉 소통에서 시작하는 것이 독자들에게 더 의미 있게 다가가는 것이라고 생각했기 때문이다. 실제로 필자는 이 순서를 언어심리학 강의에서 몇 번 시도해 본 적이 있다. 그리고 비록 주관적이지만 이 순서가 수강생들에게 흥미를 지속하는 방법이 될 수 있다고 생각되어 이 책의 집필에서도 채택하였다. 그리고 어찌 생각해 보면 '소통'이라는 큰 맥락이 단어, 문장, 덩이글 탐구에서 놓치지 말아야 하는 기본 바탕이기 때문이기도 하다.

물론 단점도 있다. 작은 단위에 대한 기술부터 시작하면 나중에 더 큰 단위를 설명할 때 앞에서 이미 썼던 용어를 자유롭게 쓸 수 있으나, 거꾸로 하면 어려움이 생긴다. 구체적인 한 예로, 대화의 소통 과정을 설명하며 문장의 의미 기억을 얘기해야 되는 경우 나중에 설명할 것을 미리 가져와 기술해야 되기 때문이다. 하지만 이러한 어려움은 가능한 최소화하려고 노력했으며 각 장의 상호 참조를 집어넣었다. 독자들도 "4장의 어느 부분을 참조하길 바란다."는 식의 기술을 접하면 그 부분을 먼저 읽어 보는 독서 기술을 발휘하길 바란다.

　2장에서는 의사소통 과정에 관해서 설명하였으며, 독자들은 소통에서는 화자와 청자 간의 "협동하고 조정하기"가 핵심이라는 점을 파악하면 될 것이다. 3장에서는 소통의 단위인 담화(discourse)와 덩이글/말 혹은 텍스트의 이해와 기억을 다루었으며 여기서 핵심적인 인지 과정은 개별 문장을 하나로 묶는 "응집성 만들기"가 중요하다는 점을 강조하였다. 4장에서는 문장 이해 과정을 다루었고, 가장 많이 연구되어 온 주제의 하나인 한 문장의 여러 의미 중 어떤 것으로 읽어야하는지, 즉 "다의성 해결하기"의 여러 방식들을 설명하였다. 5장에서는 마음속 사전을 찾아보는 "접속하기" 과정을 기술하였다. 그리고 마지막 6장에서는 언어 이해의 하위 과정들을 어떻게 하나의 건축물로 구조화하고 설계할 수 있겠는가의 문제를 논의하였다.

4. 맺음말

　본 책에서는 언어심리학의 핵심 주제라고 할 수 있는 언어 이해 과정에 관한 내용만을 정보 처리 접근으로 다루었다. 특히 소통이라는 맥락에서 언어가 어떻게 사용되는가를 시작으로 담화나 덩이글 이해에 필수적인 과정인 응집성 구축 과정을 살펴본다. 그리고 이 담화나 덩이글을 이루는 문장들에 내재하는 다의성을 어떻게 해결하는지, 아울러 문장을 구성하는 기본 단위인 어휘접속의 문제를 다룰 것이다. 마지막 장에서 이들 기본적인 언어 이해의 하위 과정들이 어떻게 하나의 건축물(즉, 아키텍처)로 구조화될 수 있겠는가의 문제를 논의하겠다. 언어심리를 배우며 인지심리학에 대한 지식을 넓힐 수 있을 것이다.

요약

- 언어심리학은 말과 글을 이해하고 산출할 수 있도록 하는 마음의 작용을 연구하는 분야이다.
- 언어는 소통의 도구이자 내적인 인지 과정을 가능하게 하고, 그 자체로서 규칙에 의해 구성되는 특성을 갖고 있다.
- 언어학에서는 언어를 가능하게 하는 규칙 체계를 구축하는 작업을 한다.
- 인간의 언어 사용 과정은 여러 학문 분야에서 다루고 있으며, 그러기에 여러 주제가 포함된다.

읽을거리

조명한(1978). 언어심리학. 서울: 정음사.
조명한(1995). 언어심리학. 서울: 민음사.
Traxler, M. J. (2012). *Introduction to psycholinguistics: Understanding language science*. MA: John Wiley & Sons Ltd.

02 _

의사소통: 협동하고 조정하기

우리의 말과 글을 사용한 의사소통은 대부분의 경우 문제없이 잘 이루어진다. 이런 소통의 바탕은 무엇일까? 언어를 통한 의사소통은 단순히 말과 글이라는 부호를 푸는 과정이 아니다. 소통의 당사자가 서로 협동하고 조정함으로 인해 화자의 의도가 청자에게 전달된다. 이 과정에서 특히 대화의 당사자가 공유하는 공통기반이 핵심적인 역할을 한다. 이러한 기반 형성에 관여하는 요인과 이에 근거한 언어 사용 과정을 살펴보았다.

"영어를 십여 년 넘게 공부했으면서도 외국인과 대화도 잘 하지 못한다."는 자조적인 말을 필자를 포함, 여러분도 들어 본 적이 있을 것이다. 영어를 사선지 문법 문제 풀이로 배우다 보니 언어(영어)의 가장 기본적인 기능, 즉 소통의 도구를 놓친 것이다. '소통(커뮤니케이션)'이란 단어가 여러 의미로 사용될 수 있지만 우선 단순하게 접근해 보자. 한 사람이 전달하고자 하는 바, 즉 의도 혹은 의미가 있을 것이고, 이를 말 또는 글이라는 매체(media)로 바꾸면 상대방이 이 매체를 통해 그 사람이 의도한 바를 뽑아내는 과정으로 생각해 볼 수 있다. 화자(speaker), 청자(listener), 언어 표출이 가장 단순한 소통의 단위들이 된다.

우리의 일상생활 속에서는 이러한 의사소통이 물 흐르듯이 잘 이루어진다. 굳이 소통의 단위들을 자각하지 않아도 된다. 물론 외국어의 경우는 달라질 수 있지만 말이다. 필자도 부끄러운 고백이지만, 미국 공항에서 한 사람이 다가와 "두유 해브 어 타임?(Do you have a time?)"이라고 묻는 것을 '아니, 이 친구가 왜 나보고 시간 있냐고 그러지?'라고 잘못 알아들은 적이 있다. "몇 시예요?"를 물어본 것을 잘못 해석한 것이다. 실제로 우리가 언어(외국어)를 배울 때 특정한 표현이 소통 맥락에서 어떻게 사용되는가도 익혀야 한다. 언어학에서는 화용론(pragmatics)이라는 분야에서 이 문제를 다루고 있으니 독자들도 참고하길 바란다.

그러면 화자는 어떤 언어 표현으로 자신의 의도를 나타내는가? 그리고 청자들은 이를 어떻게 성공적으로 잡아낼까? 여러분이 사람들

처럼 소통할 수 있는 컴퓨터 시스템을 구축한다고 생각하고 이 문제
들을 다루어 보자.

1. 의사소통은 어떻게 이루어지는가

1) 부호 모형

사람 간의 의사소통이 어떻게 이루어지는가의 문제를 전화기와 같
은 커뮤니케이션 도구를 만드는 공학적 입장을 생각하면서 다음 [그
림 2-1]을 살펴보자. 화자(혹은 출발점, source)가 전달하고자 하는 내
용을 '신호로 바꾸고(부호 넣기, encode)' 이를 채널을 통해 보내는데,

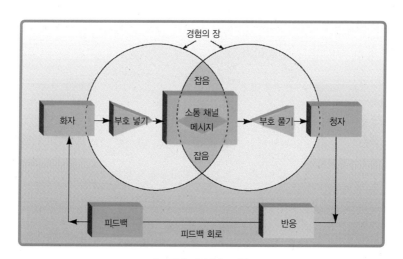

[그림 2-1] 부호 모형

이때 보통 잡음이 함께 포함되기 마련이며 청자가 이 수신한 '신호를 풀어(부호 풀기, decode)' 전달 내용을 복원하면 된다. 그리고 이것들은 주어진 '경험의 장(fields of experience)'에서 이루어진다. 청자가 보이는 반응이 화자에게 다시 피드백되면서 대화가 연속적으로 진행된다. 어떻게 보면 가장 단순한 생각이고 그럴듯해 보인다.

사실 이러한 생각은 고대 그리스의 Aristoteles 때부터 만들어져 왔다고 한다. 인간의 의사소통이 기본적으로는 전달하고자 하는 의도를 부호로 넣고(encode), 이를 다시 푸는(decode) 과정이라고 개념화하는 것이다. 여러분은 어떻게 생각하는가? 앞의 모형이 인간의 소통 과정을 잘 설명한다고 여겨지는가? 여러분의 대답이 긍정적이라면 다음 문장들, 즉 부호들을 여러분이 들었다고 생각하고 풀어 보길 바란다.

1. "나는 곰탕이다."
2. "사과 주스에 앉아라."
3. "Do you have a time?"

"나는 곰이다."라는 은유적인 표현은 들어 봤어도, 1번과 같은 표현이 의도하는 것은 풀어내기 힘들 것이다. 하지만 여러분이 친구들과 함께 식당에 가서 주문하는 상황이라는 정보가 제공되면 비로소 "나는 곰탕을 먹겠다."라는 뜻으로 올바르게 이해할 수 있다. 2번도 역시 여러 음료수들이 차려진 식탁에서 사과 주스가 놓인 자리에 앉으라는 의미로 읽을 수가 있으며, 3번은 앞서 언급했던 예이다.

물론 필자가 의도적으로 문장 하나만을 단독으로 제시하여 그 문장의 의미를 풀기 어렵게 하였기에, [그림 2-1]에서와 같이 '경험의 장', 즉 맥락을 제공하면 의도를 풀어내는 과정이 훨씬 쉬울 것이라고 반론을 제기할 수도 있다. 그렇지만 이렇게 하면 '부호 넣기'와 '부호 풀기'라는 과정보다는 이 맥락을 매번 정교하게 구체화해야 하는 부담이 생긴다. 즉, 부호 모형이 아니라 맥락 모형이 되는 셈이다. 따라서 이 예들은 소통이 언어라는 메시지 자체만을 푸는 과정을 넘어선다는 것을 잘 보여 주며, 화자와 청자 그리고 맥락을 포괄하는 새로운 모형이 필요함을 보여 준다.

2) 추론 모형

여러분은 이제 우리의 의사소통이 단순히 부호 넣기·풀기의 문제가 아니라는 것, 즉 부호 모형만으로는 사람들의 소통 과정을 설명할 수 없다는 것을 깨달았을 것이다. 실제 소통 과정에서 우리의 말은 하나의 단서이며, 여러 다른 정보, 즉 맥락, 상황 등의 정보가 함께 사용되어 화자의 의도를 적극적으로 추론하는 과정이라고 할 수 있다.

이를 편의상 추론 모형이라고 부르자. 그리고 추론이 가능하기 위해서 요구되는 것이 무엇일까 생각해 보자.

2. 협동의 원리

대부분의 일상생활에서 우리들은 화자의 의도인 전달 내용을 아주 쉽고 정확하게 파악할 수 있다. 물론 실패하는 경우도 있지만. 그러면 곧 여러 의문들이 생길 것이다. 이러한 추론은 어떻게 이루어지는 것일까? 정확한 추론이 가능한 근거는 무엇이며, 이 추론에 어떤 정보가 사용되는 것일까? 한 연구자는 이러한 소통의 바탕, 즉 추론의 근거를 협동 원리(cooperation principle)라고 부르고 있다(Grice, 1975). 이는 곧 화자와 청자가 정확하고 효율적인 소통을 위해 성공적인 추론이 이루어지도록 서로 협동하기 때문이라는 것이다.

이러한 협동은 "자, 이제부터 대화를 시작하니 협동합시다!"라고 대놓고 약속하는 것이 아니라 대화 상황에서 암묵적으로 이루어진다. 그리고 이 원리를 네 가지 하위 규칙으로 세분한다. 현재 대화에 적절한 내용(관계의 규칙)을 언급해야 하고, 사실이라고 믿는 정보(질의 규칙)만을, 적절한 양만큼(양의 규칙) 올바르게(예절의 규칙) 제공하라는 것이다. 앞에서도 말했듯이, 이러한 규칙들은 우리들이 자각하고 의도적으로 사용하는 것이 아닌 암묵적인 지식, 약속, 규범이기에 우리의 일상 대화에서 이들이 작용한다는 사실을 깨닫기 쉽지 않다.

오히려 이러한 규칙의 어느 하나라도 위반하면 소통에 실패하거나, 효율적인 전달이 되지 못한다는 것은 쉽게 알 수 있다. 즉, 이 원리들이 지켜질 때보다는 어긋날 때 이러한 원리들이 작용하고 있다는 것을 더 깨닫기 쉽다. 물론 우리는 때로 이러한 원리를 의도적으로 위반하여 다른 의도를 전달하기도 한다. 다음 예들을 살펴보자.

4-1. 영희가 즐거운 나의 집을 불렀다.

4-2. 영희가 즐거운 나의 집에 해당하는 일련의 소리들을 산출했다.

5. 철수: 어제 저녁에 영수가 어떤 여자와 다정하게 식사하는 것을 봤어!

영희: 영수 부인이 그걸 알고 있어?

철수: 물론이지. 그 여자가 부인인걸!

6. 철수: 영수가 어제 새 차를 샀대.

영희: 점심 먹어야겠다.

4번의 두 문장의 차이가 무엇일까? 4-2는 4-1과 달리 비슷한 내용이지만 괜히 수다스럽게 부연하고 있으며, 대화에 필요한 적절한 양 이상의 표현을 하며 '양의 규칙'을 의도적으로 위반한 경우이다. 이렇게 해 '영희가 노래를 잘하지 못한다.'는 숨은 의미를 거꾸로 표현하는 것이다.

5번은 요사이 표현으로 일종의 아재 개그 같은 예이다. 철수는 실제 사실을 일부러 어기는, 즉 '질의 규칙'을 위반하여 표현했고 이에 영희가 속아 넘어간 것이라고 해석할 수 있다. 6번에서는 영희가 '영수'나 '차'가 아닌, 현재의 대화와 관계없는 내용을 말함으로 인해 '관계의 규칙'을 어기고 있는 것이다. 이 표현으로 자신은 철수가 한 말에 대해 관심이 없음을 간접적으로 표출하고 있다.

이 예들은 모두 바로 우리의 일상 대화에서 암묵적인 협동의 원리가 작용한다는 것을 거꾸로 보여 주는 것이다. 여러분도 일상생활에서 이 네 가지의 규칙 중 어느 하나가 위반되는 사례를 찾아보는 재미를 느껴 보길 바란다. 혹은 의도적으로 협동의 원리들을 위반하고 상대방의 반응을 관찰해 볼 수도 있을 것이다. 하지만 상습적인 위반은 대화하는 상대방의 기분을 상하게 할 수도 있으니 조심!

3. 조정 과정으로서의 언어 소통

협동 원리는 우리의 의사소통의 바탕이 무엇에 근거하는가를 깨닫게 해 준다. 하지만 이 원리는 대화 상황이 이렇게 이루어진다는 혹은 이렇게 이루어져야 한다는 주장이지 실제 청자가 화자의 의도를 추론하는 과정 자체를 구체적으로 밝히는 것은 아니다. 다시 말하면, 청자가 정확하게 추론할 수 있도록 화자가 말이나 표현을 사용하는 과정을 구체적으로 자세히 밝히고 있는 것은 아니라고 할 수 있다. 그러기에 한 걸음 더 나아가 실제 화자와 청자가 협동하는 과정을 자세히 살펴보아야 한다.

사회 상황에서 두 사람이 서로 상호작용하는 경우, 예를 들면 서로 악수를 하거나, 함께 노래하거나 혹은 외나무다리에서 원수를 만났다고 하는 경우, 이는 한 사람의 행위 더하기 다른 사람의 행위가 아니라 두 사람의 행위가 맞아야 한다. '손뼉도 마주쳐야 소리가 난다.'는 속담처럼 두 행위가 서로 적절하게 맞아떨어져야 한다. 한 사람이 악수를 청하며 손을 내밀면 이 방향에 맞춰 상대방도 손을 내밀어야지 다른 방향으로 내밀면 악수가 이루어질 수 없다. 함께 노래하는 이중창에서는 한 사람이 부르는 노래에 화음과 장단을 맞춰야지만 진정한 이중창이지 두 사람이 각자 자기 노래를 하면 이중창이라고 할 수 없다.

그래서 이를 일종의 '접합 행위(joint action)'라고 부르며, 이러한 행위에서 필수적인 것은 '조정(coordination)'이라고 할 수 있다. 그리고 화자와 청자가 서로 협동하는 대화야말로 전형적인 접합 행위이며 서로가 적절히 조정하는 것이 필수적이라고 언어심리학자 Clark(1992)는 주장한다. 그런데 이 조정이 대화 상황에서는 악수하기처럼 늘 명확한 것만은 아니라는 것을 Clark가 예로 든 다음 문장이 보여 준다.

7. 앤(Ann, A)과 밥(Bob, B)이 점심에 만나기로 했다. 어디서 만나야 할까? A의 입장에서 보면, "나는 B가 갈 곳으로 가야겠지, 거기가 어딜까? 만약 B가 진정으로 날 만나길 원한다면, 그는 내가 갈 것이라고 생각되는 곳으로 갈 것이다. 거기가 어딜까? 그곳은 그가 갈 것이라고 내가 기대하는 곳이며, 그가 그곳에 갈 것이라고 생각하는 곳"이다.

다시 잘 생각해 보자. 만나는 장소는? A의 생각과 B가 가지고 있다고 여기는 A의 생각이 무한한 순환의 고리로 연결되어 있다. 이 순환의 고리를 끊어야 한다. 그러기 위해 A가 어떻게 표현해야 할까? 물론 논리적으로는 무한한 순환의 고리이지만, 여기서 빠져나올 수 있는 방법이 있다. 즉, 접합 행위를 위한 조정의 장치가 가능하다. 조정의 장치들로 '명시적 동의(explicit agreement)' '독특성(salience)' '선례(precedence)' '관습(convention)' 등을 들 수 있다.

A가 "콩 카페에서 만나자."라고 하면 이는 구체적으로 제안하여 동의할 수 있는 근거로 조정한 것으로, 접합 행위를 하는 당사자들이 처음 만나는 사람들이라면 이 이외에 대안은 없을 것이다. 하지만 두 사람이 같은 동네에서 살고 그 동네에 카페가 콩 카페밖에 없다면 "카페에서 만나자."라는 표현으로 독특성을 사용할 수도 있다. 대화의 상황에서 당사자들이 함께 주의를 기울일 수 있는 특징적인 대상을 사용하는 경우에도 이러한 독특성이 사용될 수 있을 것이다. 한편, 이 둘이 앞서 만났던 장소가 콩 카페라면 "지난번 만났던 곳"과 같이 과거에 만난 장소, 즉 선례를 사용할 수도 있다. 혹은 이 둘이 예전에도 만나 왔던 장소가 있다면, "늘 보던 곳에서 보자."라는 식의 과거에 정해진 장소, 즉 관습을 사용할 수도 있다.

이들 장치의 공통점은 바로 화자와 청자가 함께 공유하고 있다는 것이다. 만약 공유하고 있지 못한 경우에 A가 "지난번 만났던 곳"이라고 표현하면, B는 "어디? 별 카페야, 콩 카페야?"라는 식의 반응을 보일 것이며 이 경우 "아, 지난번 사거리 모퉁이 있던 콩 카페 말이야."
라는 식으로 부연 설명하는 새로운 조정이 이루어질 수 있다. 하지만
이러한 장치의 사용이 늘 가능한 것은 아니며, 경우에 따라서는 대화
과정에서 화자와 청자가 적극적인 조정을 해 가며 만들어야 한다. 이
렇게 조정하며 공유하고 만들어 가는 과정을 구체적 대화 상황에서
살펴보자.

4. 공통기반

화자와 청자 두 사람이 서로 알고, 믿고, 가정하고 있다고 여기는
공유된 정보를 공통기반(혹은 공통배경, common ground)이라고 부른
다. 예를 들어, 필자가 필자의 처에게 "결국 그 사람이 그렇게 되었
대."라는 말을 하고, 내 처가 "그렇게 고생하더니 결국 그렇게 되었네.
참 안되었어."라는 식의 대화가 가능한 이유가 무엇인지를 생각해 보
면 바로 공통기반의 힘을 알 것이다. 즉, '그 사람' '그렇게 고생' '그렇
게 되었다.'는 것들이 무엇인지를 두 사람이 공통기반으로 갖고 있기
에 앞의 대화와 같은 아주 짧은 표현으로도 효율적인 대화가 가능하
게 되는 것이다. 하지만 이런 공통기반은 대화 상황에 자동적으로 주
어지는 것이 아니며, 대화 당사자가 적극적으로 만들어 가는 조정 과
정이 필요할 수도 있다. 다음 [그림 2-2]는 공통기반 확보가 조정의 기
본임을 보여 주고 있다.

[그림 2–2] 공통기반의 영향

우선 첫 그림에 나와 있는 영희의 마음속을 들여다보자. 사람들의 지식 구조를 언어심리학자들은 명제(proposition)라는 의미의 단위를 써서 표기하고 이를 그래프로 나타내는데, 이에 관해서는 3장과 4장에서 다시 부연할 테니 어렵게 여기지 말고, 단순히 영희 머릿속에 있는 생각 혹은 알고 있는 것이라고 간주하면 될 것이다. 우선 맨 왼쪽

위에 있는 영희의 머릿속을 들여다보자. 영희는 'A, B, C, D, E, F, X, W'를 갖고 있으며, 'A는 B와 F' 관련되어 있고, 'D는 C와 E' 관계가 있다. 그리고 이 두 가지는 'X, W'를 통해 연결되어 있다.

그런데 그 옆 오른쪽에 있는 그림에서 철수는 'A, B, C, D, E, F'만 가지고 있다. 가운데 왼쪽 장면에서 영희가 'A, B, F'를 언급하자 이는 철수도 이미 알고 있는 것이기에 새로울 게 없다. 그래서 "그것은 알고 있어."라고 대꾸한다. 그런데 가운데 오른쪽 장면에서 갑자기 영희가 'W, X'를 말하자 철수는 '무슨 얘기인지 모르겠다.'는 응대를 한다.

그러다 마지막 왼쪽 장면에서 영희가 철수가 이미 알고 있는 'F'와 연결될 수 있는 'X'를 언급하자 "그럴듯한데."라고 응답하며 이해를 하고, 마지막 장면에서 "그렇고 말고."라고 하며 알아들었다고 대꾸한다.

필자가 말하고자 하는 것을 독자들도 파악했는지 모르겠다. 일부러 'A, B, C, D, E, F, X, W'와 같은 추상적인 표시를 통해 설명했는데, 이는 여러분을 혼란스럽게 만들기 위한 것이 아니고, 여러 구체적인 상황을 포함하는 것이기에 오히려 이해를 쉽게 한다고 여겨 사용한 것이다. 영희와 철수가 자신들의 여러 친구들에 관한 상황을 서로 알고 있는데, 영희만 이들 중 두 사람에 관해 새로 알게 된 것(예를 들어, '두 친구가 새로운 연인 관계로 발전했다.'는 사실)을 공유해 가는 과정을 보여 주는 것이다. 그리고 바로 이러한 공통기반이 성공적인 소통의 바탕이며, 이는 몇 단계의 주고받는 조정으로 이루어진다는 것을 보여 주는 재미있는 만화 표현이라고 할 수 있다.

그러면 사람들은 공통기반을 어떻게 만들어 가는 것일까? 여러 가지 가능한 방법이 있을 수 있다. 지금까지 해 왔던 대화의 내용이 틀림없이 공통기반이 될 것이다. 먼저 나누었던 말들은 분명 공유가 가능하기 때문이다. 이를 '언어적 증거(linguistic evidence)'라고 한다. 또한 대화 상황에서 화자와 청자 모두가 처해 있는 물리적 환경에서 뽑아내 공유할 수 있는 정보도 사용될 수 있다. 보거나 듣는 정보들이기에 이를 '지각적 증거(perceptual evidence)'라고 한다. 그리고 어느 특정 집단(예, 학생, 외국인)이나 계층(예, 노인)에 속해 있다는 정보, 즉 '공동체 소속 정보(community membership)'가 사용될 수 있을 것이다.

앞의 세 가지 정보가 사용되어 공통기반을 만들어 갈 텐데, 이 형성 과정을 자세히 살펴보는 작업은 단순하지 않다. 우선 첫째 문제는 공통기반 형성의 단위이다. 크게는 한 사회나 문화 단위에서도 공통기반이 만들어질 수 있고, 작게는 특수한 대화 상황에서 두 사람만의 사이에서도 공통기반이 형성될 수 있다. 그러기에 이를 포괄하는 모든 공통기반 형성 과정을 연구하기가 힘들 뿐만 아니라, 여러 상황에 모두 적용되는 일반적인 결론을 내놓기도 쉽지 않다.

둘째는 의사소통의 내용이나 상황에 따라 공통기반의 형성 과정이 달라진다. 공통기반 형성 과정이 아주 단순한 경우도 있고, 경우에 따라서는 수년간의 시간이 소요될 수도 있다.

셋째는 방법론적인 문제이다. 공통기반이 형성되는 과정을 알아보는 가장 쉬운 방법으로 사람들의 일상적인 대화를 관찰하고 이를 기록하여 분석하면 된다고 생각할 수 있다. 하지만 이러한 자연적인 관찰 방법은 몇 가지 제한이 있다. 상호 의사소통의 관찰과 기록만으로는 화자의 '의도'를 정확하게 파악하는 것이 힘들다. 그리고 화자의 의도된 전달 내용을 청자가 '이해'했는지를 판단하기도 쉽지 않다. 그래서 화자의 의도를 연구자가 알 수 있고, 청자의 이해가 겉으로 드러날 수 있는 연구 방법을 선택해야 한다.

이 세 가지 난제를 극복하는 길은, 몇 가지 제한을 설정하고 거기에 맞는 연구 방식을 선택하는 것이다. 우선은 가장 단순한 의사소통 상황인 두 사람 간의 대화 상황에 한정하여 잘 정의된 소통 과제를 부여하고, 이 과정에서 일어나는 변화를 객관적으로 관찰하는 것이다. 이러한 목적에 부합하는 실험 과제 중 하나가 다음에 설명하고자 하는 '참조의사소통 과제(referential communication task)'이다(김영진, 1995, 1997; Clark & Wilkes, 1986).

그러면 이 과제를 통해 공통기반의 형성 과정을 직접 살펴볼 수 있을까? 혹은 실험적으로 관찰하며 각 과정에서 영향을 끼치는 요인을 잡아낼 수 있을까? 다음 [그림 2-3]을 보기 바란다. 이 그림에 있는 12개의 독특한 모양들은 칠교판이라는 놀이에서 만든 모양이다. 이 놀이에서는 일곱 개의 서로 다른 조각들을 조합해 여러 가지 새로운 모양을 만들어 낼 수 있다. 그리고 이를 사용해 의사소통 과정을 모사하는 실험을 할 수 있다. 절차는 다음과 같다.

[그림 2-3] 칠교판 그림

두 명의 실험 참가자(한 쌍)가 등을 맞대고 앉아, 한 명이 하나의 참 조물(예, 첫 번째 그림)을 설명하면 다른 한 명이 12개의 뒤섞어 놓은 여러 그림 중 설명한 그림을 찾아내도록 한다. 전자를 '지시자', 후자를 '찾는 사람(찾는 자)'이라고 부르며, 특정한 대상을 찾기 위해 지시자 와 찾는 사람(찾는 자)이 주고받는 대화를 기록하고 걸린 시간을 측정 한다. 그리고 이 12개를 다 확인하고 맞히게 되면 다시 그림들을 무선 적으로 배치하여 같은 과정을 반복한다. 보통 실험에서는 이를 6~9번 정도 반복한다.

이 과제를 반복하며 수행하는 데 걸리는 시간이 어떻게 나타날까? 이 12개의 그림을 대화를 통해 맞히는 데 처음에는 약 259초 정도의 시간이 걸린다. 즉, 상당한 시간이 걸리며 각 그림당 설명하는 데 평 균 20여 초가 걸린다. 하지만 다섯 번 반복하고 난 후의 여섯 번째에 서는 거의 80초로 그림당 6~7초 정도로 시간이 단축된다. 반복을 통 해 특정 그림, 즉 참조 대상을 지칭하는 단어를 공유하게 되기 때문이 다. 이의 예로, 하단의 왼쪽에서 세 번째 그림에 대해 지시자가 여섯 번 반복하며 기술한 문장의 변화를 보면 다음과 같다.

(1) 자, 다음 그림은 아이스 스케이트를 타는 사람처럼 보이는데 단지 두 팔 모두를 앞으로 뻗친 것이 다르다.

(2) 응, 다음은 두 팔이 있는 아이스 스케이트 타는 사람

(3) 네 번째는 두 팔이 있는 아이스 스케이트 타는 사람

(4) 다음은 아이스 스케이트

(5) 네 번째는 아이스 스케이트

(6) 아이스 스케이터

동일한 그림에 대한 기술이 16개의 단어에서, 6번째에 가서는 거의 한 단어로 줄어 버린다. 공통기반이 생기면서 단어 수는 줄게 되고 시간도 단축된다.

그러면 이러한 공통기반이 실제 대화에서 중요한 역할을 할까? 굳이 실험 자료를 제시하지 않아도, 앞에서 예를 든 것처럼 이 공통기반이 사용된다는 예는 일상에서 많이 찾을 수 있다. 여러분에게 동네에서 낯선 할아버지나 초등학생이 건물의 위치를 물어본다고 하자. 어떻게 할까? 아마도 아주 자세히 길과 주변 건물 간의 차이를 설명해 주며 가야 할 길을 알려 줄 것이다. 왜? 동네에 처음 왔다는, 즉 공통기반이 없을 것이 명확하기에 건물을 찾기 위해서는 세세한 언급이 필요하다는 것을 감지하기 때문이다. 앞에서 언급했던 것처럼 공통기반의 형성에 기여하는 정보 중 하나인 대화 상대자의 특성, 즉 공동

체 소속 정보가 작동하는 것이다. 그래서 청자에 맞게 우리의 대화를
설계하는 것이기에 이를 언어심리학자들은 '청자 맞춤 설계(audience
design)'라고 부르며 공통기반이 실제 대화에서 중요한 역할을 한다는
것을 잘 보여 준다.

사실 공통기반과 청자 맞춤 설계는 모든 소통의 기본이자 출발점
이라고 할 수 있다. 고등학생이 학교 생활에 대해 중학생 혹은 같은
고등학생에게 설명할 때 이 두 집단에게 같은 방식으로 같은 내용을
전달할 수 없을 것이다. 의사소통 대상들과 공통기반으로 갖고 있는
것이 다를 수밖에 없기 때문에 대화의 시작은 이 공통기반에 대한 모
색으로부터 시작되어야 한다.

그런데 할아버지나 초등학생과 대화하는 앞의 상황처럼 공통기
반의 존재 여부가 확실하지 않은 상황에서는 어떻게 할 것인가? 대화
시작 전에 가능한 공통기반의 존재 여부를 확인하는 준비를 해야 할
까? 공통기반 확인 작업을 하고 대화를 시작하는 것일까? 몇몇 실험
결과(김영진, 1995, 1997)들은 이런 사전 준비 없이 청자도 화자가 알고
있는 지식을 공통기반으로 갖고 있을 것이라고 가정하는 방식으로 대
화를 시작한다고 밝히고 있다. 즉, 청자도 공통기반이 있을 것이라고
아무 근거도 없이 무모하게 가정한다는 것이다. 그리고 청자의 피드
백이나 반응으로 기존의 가정을 수정하고 보완하는 방식을 취한다고
한다.

즉, 화자는 일단 공통기반이 있을 것이라는 가정에 근거해 대화를
시작하고 나중에 청자의 '이해하지 못하겠다는 반응'이나 '질문'에 의

해, 가정한 공통기반을 바꾸는 조정을 해 나간다고 한다. 그래서 이를 공통기반이 처음부터 존재한다는 가정을 한다는 의미에서 '디폴트 전략(혹은 영가설 전략)'이라고 부른다. 다른 연구자들은 이를 대화 참여자들의 '자기중심성(ego-centrism)'이라고 표현한다(Traxler, 2012).

화자가 청자도 자신과 같은 공통기반을 갖고 있을 것이란 가정, 즉 디폴트 전략 혹은 자기중심성은 어떤 결과를 초래할까? 확실한 것은 이 가정이 효율적인 소통을 방해할 것이며 특히 소통을 시작하는 초기 단계에서 그럴 수 있다는 점이다. 효율적인 소통을 위해서는 화자는 청자가 자신과 다른 관점이나 생각, 다시 말해 다른 공통기반을 갖고 있을 수 있기에 이를 적극적으로 모니터링하는 과정과, 차이를 줄이는 조정이 동시에 이루어져야 한다. 그런데 종종 이 두 과정을 무시하고 소통이 이루어질 수 있다.

최근 한 연구는 이러한 점검과 조정 과정이, 전혀 낯선 사람들보다 오히려 공통기반을 많이 공유하고 있을 것 같은 친한 친구나 배우자에게서 더 잘 일어나지 않는다는 결과를 보여주며, 결과적으로 이들 친한 관계의 사람들끼리의 소통이 더 어려울 수도 있다는 것을 보고하였다(Savitsky, Keyser, Epley, Carter, & Swanson, 2011). 보통 친한 사람들끼리는 공통기반이 많기에 의사소통이 더 잘 된다고 생각하는데, 이러한 과대평가가 관점의 차이와 공통기반이 없을 가능성을 고려하지 않는 편향을 일으킬 수도 있다는 것이다.

본 장에서는 소통의 기본 과정이라고 할 수 있는 공통기반을 통한 조정 과정만 살펴보았다. 실제 사람들의 사회적 상호작용에 관여하는 여러 언어적, 비언어적 측면과 이의 바탕이 되는 인지적 요소와 과정에 관한 이해는 앞으로의 연구가 필요할 것이다.

5. 맺음말

언어를 통한 소통은 단순히 언어라는 부호를 푸는 것이 아니라 대화의 당사자들이 서로 협동하며 조정하고, 공통기반을 형성하면서 달성된다는 사실을 기술하였다. 인간사에서 소통의 중요성은 아무리 강조해도 지나침이 없다. 여러 갈등이 결국 소통의 문제일 수 있기 때문이다. 앞에서 언급한 연구와 이론적 틀이 이러한 문제 해결에 사용될 수 있을까? 부부를 대상으로 앞에서 언급한 참조의사소통 과제를 사용해 소통의 양적·질적 분석을 한 연구가 있다. 그리고 관계가 좋은 부부일수록 공통기반 형성이 좋다는 결과가 있다. 물론 이러한 조정과 공통기반 형성 과정에 관여하는 모든 요인과 기제가 밝혀지지는 않았지만 앞으로의 연구를 통해 그 과정을 더 잘 알게 되는 때가 올 것이다.

- 언어를 통한 소통은 일반적으로 생각하듯이 언어라는 부호를 푸는 과정은 아니다. 오히려 주어진 발화와 맥락을 고려하여 화자의 의도를 추론하는 과정이다.

- 이러한 소통의 바탕, 즉 추론의 근거는 협동원리에 기초하며, 이는 현재 대화에 적절한 내용(관계의 규칙)을 언급해야 하고, 사실이라고 믿는 정보만(질의 규칙)을, 적절한 양만큼(양의 규칙) 올바르게(예절의 규칙) 제공하라는 원리이다.

- 의사소통은 일종의 접합 행위이며 이 행위에서 필수적인 것은 조정이라고 할 수 있다. 이는 명시적 동의, 독특성, 선례, 관습에 의존한다.

- 공통기반의 형성이 조정에 필수적이며, 이는 지금까지 해 왔던 대화의 내용(언어적 증거)이나, 대화 상황에서 얻는 정보(지각적 증거), 혹은 어느 특정 집단(예, 학생, 외국인)이나 계층(예, 노인)에 속해 있다는 정보(공동체 소속 정보) 등이 사용될 수 있다.

- 공통기반에 근거해 청자 맞춤이 생기며, 우리는 대화 상황에서 상대방과 공통기반이 존재하는 것으로 가정하는 전략을 사용한다.

김영진(1995). 의사소통의 인지적 바탕(1): 공통기반의 확인 과정. 아주사회과학 논총, 10, 221-242.

김영진(1997). 의사소통의 인지적 바탕(2): 참조 의사소통 과제에서의 공통기반 형성에 관한 양적 증거. 아주사회과학 논총, 12, 20-39.

Clark, H. H. (1992). *Arenas of language use*. Chicago: University of Chicago Press.

Clark, H. H., & Wilkes-Gibbs, D. (1986). Referring as a collaborative process. *Cognition, 22*, 1–39.

Grice, H. P. (1975). Logic and Conversation. In P. Cole & J. L. Morgan (Eds.), *Syntax and Semantics, Vol. 3: Speech acts*(pp. 225–242). New York: Seminar Press.

03 _

담화 이해와 기억: 응집성 만들기

　대화나 긴 글을 읽으며 이해하는 과정은 어떻게 이루어지는 것일까? 어떤 기본적인 인지 과정이 관여하는 것일까? 담화나 덩이글 이해에 필수적인 과정은 개별 문장에서 뽑아낸 의미들이 하나의 응집성 있는 구조로 만들어지는 과정이다. 이 장에서는 이 과정에 관여하는 여러 요인을 살펴보았으며 이러한 응집성이 미시구조, 거시구조, 상황 모형으로 마음속에 남게 됨을 설명하였다. 그리고 이러한 연구 결과가 읽기를 통한 배우기 과정에 유익한 시사를 줄 수 있음을 설명하였다.

　여러분은 지난 장에서 우리 인간에게 있어서 언어가 갖는 가장 중요한 기능의 하나인 의사소통에 대해 배웠다. 소통에서 가장 중요한 과정은 화자가 한 말의 뜻, 즉 의미를 알아채는 것이며 이를 위해 화자와 청자가 서로 조정하고 협동한다는 것을 알게 되었을 것이다. 그런데 사실 여러분들은 이런 대화가 가능하기 훨씬 전에 이미 언어를 접해 왔다. 기껏 한두 단어밖에 말할 수 없는 여러분을 안고 부모님들이 "옛날 옛적에…." 하며 이야기를 들려주거나 책을 읽어 준 기억을 갖고 있을 것이다. 그러기에 가장 기본적인 소통의 출발이 '이야기 듣기/해 주기'라고 얘기해도 과언은 아닐 것이다.

　언어 연구자들은 언어로 표현된 말이나 글을 모두 담화(discourse)라고 부른다. 담화에는 서로 주고받는 긴 대화를 비롯하여 이야기나 소설 같은 글이나 말, 혹은 신문기사나 과학 교과서에 실린 설명식, 기술식 글이나 말 같은 텍스트(text)도 포함시킨다. 말하자면 입말이건 글말이건 모든 언어적 표현을 모두 포괄하여 담화라는 표현을 쓰는 것이다. 이정모(2009) 교수는 이를 덩이글/말로 표현하기에 본 책에서는 이 단어, 즉 덩이글을 대표로 사용하기로 하겠으니, 여러 용어들 때문에 헷갈리지 않기 바란다. 실제로 대부분의 언어심리학 실험 연구에서는 짧은 문단이나 단락의 글을 제시하고 그 읽기시간이나 이해 정도 혹은 기억을 측정하기에, 이를 텍스트처리 혹은 이해 과정이라고 부르는 연구자도 있다.

1. 덩이글 이해를 위해서는?

어떻게 보면 덩이글 이해 과정이야말로 우리 사람의 가장 기본적인 인지 활동이라고 할 수 있을 것이다. 우리들이 일상생활에서 듣고 보며 즐기는 드라마, 소설, 영화 등이나 신문기사, 학생들이 배우고 읽는 교과서 등이 모두 덩이글 이해의 문제이기 때문이다. 그러면 덩이글 이해 과정에서 가장 중요한 인지 과정은 무엇이며, 그 과정은 어떻게 이루어질까? 여러분은 이 장의 제목을 읽으면서, '응집성'이라는 낯선 용어를 접했을 터인데 바로 이 단어가 단서가 된다. 우선 다음에 제시한 두 덩이글, 즉 짧은 문단을 읽어 보자.

1. 영수는 집 주변 골프 연습장에서 레슨을 받기로 했다. 키우는 진돗개가 곧 새끼를 낳을 예정이다. 영희는 결혼식에 가려고 차를 세척했다. 그녀는 이사를 가는데 영수가 도와줄 것이라고 생각하고 있다.

2. 철수는 제과점에서 케이크를 샀다. 케이크는 초콜릿으로 장식되어 있었으며 "생일 축하 순희"라고 빨간 글씨로 써 있었다. 철수는 글씨 장식이 아주 맘에 들었다. 철수는 영주네 집으로 가져가 준비할 예정이다.

　여러분은 벌써 두 문단의 차이를 깨달았으며 필자가 얘기하고자 하는 것을 파악했을 것이다. 즉, 1번 문단은 서로 연관이 없는 문장들이 나열되어 있어서 연결되지 않지만, 2번 문단은 문장들의 해석이 하나로 연결되어 뭉쳐져 "철수가 영주와 함께 순희 생일 파티를 해 주려고 하는구나."라는 생각이 마음속에 만들어진다. 이처럼 마음속에 만들어진 생각에 대해 인지과학자들은 '표상(表像, representation)'이라는 용어를 사용한다. 표상이란 세상의 여러 상태를 '표현하는' 모습(즉 '상')이라는 의미이다. 말하자면 덩이글 이해에서 가장 중요한 인지 과정은 바로 응집된, 즉 잘 연결된 생각(표상)을 마음속에 만드는 과정이 된다. 이렇게 덩이글의 문장들의 의미나 뜻이 서로 연결되어 있는 것을 '응집성(coherence)'이라고 부른다.

　하지만 이런 응집성을 확보하는 작업이 늘 순조로운 것만은 아니다. 여러분이 아주 어려운 철학책이나 혹은 잘 쓰여지지 않은(즉, 응집성을 쉽게 달성하도록 쓰여지지 않은) 덩이글을 읽고 "무슨 소린지 모르겠는데."라는 생각이 들면 바로 이러한 응집성 달성에 실패한 게 된다. 때론 잘못 쓴 덩이글 자체의 탓이기도 하지만, 여러분의 인지 과정 탓일 수도 있다. 여러분이 적극적으로 응집성 있는 표상을 형성하려고 노력하지 않았기 때문일 수 있기 때문이다. 특히 과학 교과서처럼 내용이 친숙하지 않은 덩이글에서는 한 문단에서 응집성 있는 요약을 만드는 것이 만만치 않을 수 있다. 이에 대해서는 나중에 더 자세히 설명할 수 있는 기회가 있을 것이다. 그러면 우선 응집성 형성에 기여하는 요인들을 살펴보자.

1) 덩이글에 들어 있는 단서

이미 앞의 2번 덩이글 예에서 여러분이 파악할 수 있었듯이 '철수' '케이크' '글씨'와 같은 단어들이 반복되어 나타나는 것이 연결을 위한 단서가 된다. 우리말의 '그' '그녀' '그것' 같은 대명사(대용어)나 유사한 단어인 동의어 등도 모두 하나의 대상을 함께 나타낸다. 이를 언어학에서는 '공통 참조어(co-referents)'라는 표현을 쓴다. 즉, 응집성 형성 과정은 기본적으로 이미 언급된 내용이나 대상에 새로 나타나는 내용이나 대상을 연결하는 게 된다. 그래서 언어심리학자들은 이를 주어진-새로운 정보 연결 전략(given-new strategy)이라고 부른다(Haviland & Clark, 1974).

이와 비슷한 내용을 앞 장에서 공통기반에 관한 내용을 학습하면서 이미 배웠다. 주어진 정보란 청자가 이미 알고 있을 것이라고 화자가 가정하는 정보이며, 새로운 정보는 알고 있지 않다고 가정하는 정보가 된다. 이렇듯 의사소통과 덩이글 이해는 일맥상통한다.

그러므로 덩이글을 읽으며 응집성 있는 표상을 형성하기 위해서는 우선 글의 내용 중 어느 부분이 주어진 정보이고 어느 부분이 새로운 정보인가를 구분하고, 여러분의 기억이나 글 속에서 주어진 정보에 해당하는 부분을 찾은 후, 여기에 새로운 정보를 연결시켜야 한다. 이를 잘 보여 주는 영어 문장 구조가 다음에 제시되어 있는데, 이를 비교한 실험을 살펴보자.

3. Someone stole the money.

It was your brother who stole the money.

4. Someone was your brother.

It was your brother who stole the money.

비록 영어 예이긴 하지만 두 문장을 읽어 보며 어느 것이 더 자연스러운지 판단해 보길 바란다. 영어의 "It… who…" 구조에서는 앞에 들어가는 정보가 강조 혹은 새로운 정보가 되는 것이 보통이라고 한다. 그러기에 3번에서는 "누가 돈을 훔쳤다."라는 주어진 정보에 "그 사람이 바로 네 동생"이라는 새로운 정보가 나와 자연스러운 연결을 이루는 것이다. 실제로 4번이 3번보다 주어진 새로운 정보 전략이 잘 들어맞지 않기에 긴 읽기시간을 보인다는 것이 실험 결과이다. 한국어에서도 다음 예에서처럼 보통 관계절(관형절)을 이뤄 문장에 삽입되는 내용(괄호 안 내용)이 보통 주어진 정보라고 한다. 즉, 주어진 정보는 '영수가 책을 보았다.'가 과거의 주어진 사건이며, '영수가 그 책 내용을 영희에게 알려 준 것'이 여기에 추가되는 새로운 정보이다.

5. 영수가 (어제 보았던 책)을 영희에게 알려 주었다.

여러분도 국어나 영어 시험 지문에서 한 대명사가 지칭하는 것이 무엇인지를 묻는 문제를 접해 본 경우가 많을 것이다. 그리고 이 대명사가 지칭하는 내용이 멀리 떨어져 있는 경우 찾기가 어려웠던 경험도 있을 것이다. 이런 식의 문제가 바로 덩이글을 읽으며 여러분이 얼마나 응집성 있는 이해를 달성하고 있는지를 알아보는 것이라고 할 수 있다.

하지만 덩이글 안에 연결을 위한 공통 참조어가 포함되어 있지 않은 경우가 비일비재하고, 작가에 따라서는 이 연결을 글 속에 포함시키지 않고 독자에게 맡기는 경우가 있으며, 이것이 오히려 글 읽는 재미를 주기도 한다. 이럴 경우 우리는 앞서 읽었던 내용을 다시 회상해 내야 하고 혹은 우리의 지식, 즉 장기기억 속에 있는 세상에 관한 지식을 동원해야 할 수도 있다. 물론 이 경우 이해가 더 어려워지는 것은 당연하다.

2) 머릿속에 있는 지식

앞에서 언급했던 연구와 비슷한 실험에서 사용했던 다음 영어 문장 예를 보자.

6. Herb unpacked some beer.

The Beer was warm.

7. Herb unpacked some picnic supplies.

The Beer was warm.

이 두 조건에서 두 번째 문장의 읽기시간을 비교하였다. 어느 조건에서 더 긴 읽기시간을 보였을까? 쉽게 예상할 수 있듯이 6번에서는 '맥주'가 두 문장을 바로 연결하게 만들지만 7번에서는 불가능하기 때문에 읽기에 더 긴 시간을 보인다. "소풍 가방에 맥주가 들어 있을 것이고, 그 맥주가 미지근했다."는 식의 연결시킬 수 있는 추측, 즉 '추론(inference)'을 해야 하기 때문이다. 말하자면 두 문장에 '다리를 놓는 추론(bridging inference)'을 해야 하기 때문이며, 이 추론의 바탕은 '소풍'에 관해 알고 있는 우리의 세상 지식이다.

이 장기기억에 있는 정보에 관해서는 이 인지심리학 시리즈의 다른 책에서 배울 수 있을 것이다. 여기에는 도식(schema)과 개념(concept) 지식, 스크립트(script)라고 부르는 행위나 절차에 관한 지식, 범주(category)나 인과성(causality)에 관한 지식 등 보통 일반 지식(general knowledge)이라고 부르는 우리가 과거에 경험 혹은 학습했던 것 모두가 포함된다. 이 일반 지식이 모두 추론 과정에 동원되어 응집성 형성에 기여한다고 할 수 있다. 그리고 이 사실이 흥미로운 시사를 준다. 만약 여러분이 어떤 덩이글과 관련해 풍부한 지식을 이미 가지고 있다면 그 글에 대한 이해가 쉽다는, 즉 응집성이 있는 표상을 형성하기 쉽다는 것을 의미하는 것이다. 여러분도 자신이 잘 아는 분야에 관한 책은 아주 쉽게 읽히는 경험을 한 적이 있을 것이다.

앞 장에서 추론 모형을 읽었던 기억을 할 수 있는 독자라면, 거기서의 추론과 이 장에서 얘기하는 추론이 같은지 다른지 의문이 들 수 있다. 물론 같은 용어이다. 앞 장에서는 화자의 의도를 파악하는 것이고, 여기서는 문장을 연결한다는 차이만 있다. 그러기에 추론만큼 언어 이해에서 중요한 인지 과정은 없다고 해도 과언은 아니다.

2. 글과 말은 마음속에 어떻게 남는가

덩이글 이해에서는 응집성 있는 표상을 형성하는 것이 가장 중요하다고 얘기했다. 이 점을 좀 더 구체화하며 덩이글 이해의 산물이 기억에 남게 되는 문제를 생각해 보자. 우선 덩이글을 읽고 덩이글 자체, 즉 덩이글을 이루는 문장들과 그 속에 포함된 단어들, 그 순서나 배열 등에 관한 기억을 할 수 있을까? 우리가 녹음기도 사진기도 아닌데 어찌 글 자체를 정확하게 마음속에 남길 수 있겠는가. 이러한 기억을 인지과학자들은 '표면 구조(surface structure)'라고 부르는데, 이들 역시 우리의 생각에 동의한다. 이 표면 구조에 대한 기억은 아주 짧은 시간 안에 우리의 의식, 즉 단기기억에 머물다 사라져 버린다. 물론 경우에 따라서는 이 표면적 특성에 관한 기억이 오래 남는 경우도 있다. 조크나 유머의 경우에는 글 자체에 대한 정확한 기억이 유지된다고는 한다.

3. 여러 수준의 기억 표상

1) 명제 표상

덩이글에 대해 우리가 기억하는 것은 앞에서도 말한 것처럼 글의
의미나 뜻일 것이다. 여러분이 한 시간 동안 강의를 듣고 강의실을 나
오면서, 강사의 말 그대로를 기억하기보다는, '오늘 어떤 내용을 배웠
는지'만 기억할 것이기 때문이다. 우리가 기억하는 이런 의미 혹은 내
용이 인지과학자들은 '명제(propositions)'로 구성된다고 생각한다. 낯
선 용어에 당황하지 말고 다음 8-1의 예를 통해 이해해 보자.

    8-1. 소년이 어제 사 온 빵을 먹었다.

    8-2. 어제 사 온 빵을 소년이 먹었다.

    8-3. The boy ate the bread that was bought yesterday.

이 문장의 뜻은 '소년'이라는 개인이, '빵'이라는 대상에 대해 '먹다'라
는 행위를 한 것이며, 그 대상을 '어제'라는 시간에 '사다'라는 것이다.
이렇게 풀어놓은 것을 간편하게, 술어를 앞에 놓고 괄호를 한 후 대상
을 9번 예처럼 집어넣어 보자. 혹은 [그림 3-1]처럼 표기해도 괜찮다.

    9. 먹다(소년, 빵), 사다(빵, 어제).

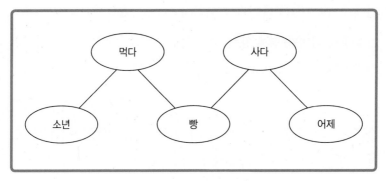

[그림 3-1] 명제 표상

　의미를 명제로 표현하면 장점이 있다. 8-2와 같이 여러분이 실제 들은 문장의 단어 순서가 바뀌더라도, 8-3처럼 심지어 외국어라고 해도 의미는 동일한 형태(즉, 명제)를 가질 수 있다. 어떻게 듣거나 읽었건 뜻은 동일하기 때문이다. 여러분에게 의미를 명제 양식으로 나타낼 수 있다는 생각이 얼마나 먹혀들었는지 모르겠다. 혹은 이를 인지 과학자들의 현학적인 장난이라고 치부할지 모르겠다. 하지만 그렇지 않다. 언어심리학자들은 여러 정교한 실험을 통해 명제 표상을 사람들이 실제 기억에 유지한다는 증거를 확보하고 있다.

　여러분을 이 실험 상황에 끌어들여 골치 아프게 만들 생각은 없지만 간단하게 말하면, 한 문장에서 한 단어를 주고 연상되는 혹은 자기도 모르게 떠오르는 단어를 말하게 하면, 한 명제 안에 포함된 단어를 말한다고 한다. 앞 8-1의 예를 들자면 '소년'에 대해 '빵'이 떠오른다는 것이다. 이는 우리의 인지 작용에서 의미가 명제로 표상된다는 '심리학적 실재성(psychological reality)', 즉 우리의 마음이라는 심리적 공간에 실제로 존재한다는 증거가 된다.

문장의 의미가 명제 양식으로 이루어진다고 여기고, 앞서 말했던 "응집성 있는 표상 형성"이 덩이글의 이해의 핵심이라는 말과 연결시켜 보자. 한 문장에서 명제가 형성되고, 다른 문장에서 명제가 만들어진 후, 이 두 명제에 공통 참조어가 있으면 이를 기점으로 연결이 이루어진다. 그리고 세 번째 문장에서 다시 연결되고, 다시 네 번째에서 연결되고 계속해서.

그럼 이런 연결들이 어떤 모양을 갖게 될지 머릿속에 그려 보자. 글쎄, 거미줄 모양을 그려 보면 어떨까. 그리다 보면 어떤 명제(의미)가 가운데를 차지하고 여기에 사방으로 관련된 의미, 즉 명제들이 연결되어 펼쳐져 있는 모양이 될 것이다. 덩이글을 읽은 후 머릿속에 거미줄 같이 응집성 있게 연결된 명제 그물망이 형성된다고 생각하자. 이 그물망이 잘 짜인 정도가 바로 여러분의 그 덩이글에 대한 이해를 반영하는 것이라고 볼 수 있다. 느슨하고 엉성한 그물망은 뭔가 명확하지 않고 흐리멍덩한 이해라고 생각할 수 있고, 잘 연결되고 체계적으로 조직화된 그물망은 깨끗하게 정리된 이해라고 생각할 수 있다.

2) 거시구조와 미시구조

응집성 있는 명제 그물망을 거미줄로 비유하면 새로운 측면을 깨달을 수도 있다. 거미줄 중심에 한두 의미의 명제가 차지하고, 여기에 관련된 몇 개의 명제가 사방으로 펼쳐지고, 다시 여기 각각에 연결시킬 수 있는 명제들이 연결되고 또 다시 연결된다면? 이는 어떤 명제는 중심에, 다른 명제는 외곽에 위치한다는 것이다. 이 모양을 수평적이 아니라 수직적으로 바꿔 보면, 어떤 명제는 높은 위치를 차지하고 다른 것들은 그 아래 낮은 위치에 자리 잡은 것으로 그릴 수 있다.

인지과학자인 Kintsch(1998)의 아이디어도 마찬가지이다. Kintsch 는 명제의 그물망에서 상위에 해당하는 '거시구조(macro structure)' 와 거기에 연결된 세부 사항인 '미시구조(micro structure)'가 형성된다고 생각한다. 여러분이 소설을 읽을 때, 주인공을 중심으로 사건이 시작되고(기), 사건을 해결하려 하다가(승), 여러 난관에 봉착하게 되고(전), 결국에 해피엔딩으로 끝나는(결) 기승전결의 구성이 바로 거시구조를 이룬다고 이해하면 될 것이다. 우리에게 보통 읽은 소설을 요약해 보라고 하면, 이 기승전결만을 추려 표현한다. 즉, 거시구조에 포함되는 내용이 덩이글의 가장 핵심적인 중요 정보라고 생각하면 되고, 실제 사람들도 이 거시구조의 정보를 가장 잘 기억한다고 한다.

이야기에만 거시구조가 있는 게 아니다. 여러분이 심리학 개론의 '학습' 장을 읽는다고 하면, 이 장은 '고전적 조건형성, 조작적 조건형성, 조건형성의 한계' 등과 같은 거시구조 밑에 '세부 요인, 실험 예, 시사점' 등의 미시구조가 구성되어 있는 것이다. 즉, 설명식 덩이글도 같은 구조로 이루어져 있다. 단지 소설과 같은 이야기에 비해 이 거시구조를 만드는 것이 상대적으로 어려울 수 있겠지만, 이 구조를 형성하는 것은 공부에 아주 중요하다고 볼 수 있다. 적극적으로 각 문단이나 단락을 읽은 후 '요약해 보는' 거시구조를 만들어 보는 노력은 학습

과 학습한 내용의 기억에 도움을 줄 수 있다. 연구자들은 이 거시, 미시의 두 구조를 합쳐 '텍스트 기반(text base)'이라는 용어를 사용하는데, 이는 주로 텍스트라는 덩이글 자체에서 만들어지기 때문이다. 물론 앞에서 이미 언급했던 것처럼, 문장들의 응집성 확보를 위한 지식 동원, 즉 추론 과정이 이 텍스트 기반 형성에도 관여한다. 그러면 텍스트 기반 형성이 덩이글 이해의 종착역일까?

3) 상황 모형

여러분들에게 '그렇지 않다'는 것을 구구절절 설명하기보다 실험 예를 들어 보겠다. 다음 문단에 대해 잠시 후에 그 내용을 기억해 보라고 할 테니 주의 깊게 읽어 보길 바란다.

만약 풍선이 갑자기 튀어 올라가면 소리를 운반할 수 없을 것인데, 모든 것이 알맞은 층에서 멀리 떨어지게 되기 때문이다. 닫힌 창문도 소리의 운반을 막을 것인데, 왜냐하면 대부분의 건물은 방음이 잘 되어 있기 때문이다. 모든 작동이 전류의 안정적인 흐름에 의존하는 것이기에 전선의 중간이 잘리면 문제를 일으킬 수 있다. 물론 그 사람이 소리를 지를 수도 있지만, 인간의 목소리는 그렇게 멀리 갈 수 있을 만큼 크지 않다. 줄이 장치를 고장나게 할 수 있는 부가적인 문제도 있다. 그러면 내용에 반주가 없게 된다. 거리가 짧은 게 최상의 상황이라는 것은 확실하다. 그러면 훨씬 잠재적인 문제가 적어질 것이다. 면대면의 만남이라면 잘못될 것들이 최소가 될 것이다.

자, 이제 문단을 보지 말고 그 내용을 기억해 보길 바란다. 단언컨 대 아마 여러분은 문단의 앞부분에 있는 문장 몇 개와 나머지 몇 가 지 내용만을 기억할 수 있을 것이다. 기억을 못 해냈다고 좌절하지 말 것. 대부분의 사람들도 마찬가지이니까. 그럼 왜 기억하기가 힘들 었을까? 단어가 어려워서? 글이 응집성이 떨어지게 쓰여서? 그렇지 않다. 기억하기 힘든 이유는 그 글이 '무엇에 관해서 이야기하고 있는 지'가 파악이 되지 않기 때문이다. 그럼 이번에는 76쪽에 있는 그림을 잘 살펴보고 이 문단을 다시 읽어 보라. 마찬가지로 다시 그 내용을 기억해 회상해 보기 바란다. 이번에는 앞서보다 훨씬 나아졌을 것이 다. 이제서야 앞의 글이 한 남자가 높은 건물에 사는 연인에게 사랑의 노래를 부르려고 하는 상황임을 파악하게 된다.

이 예는 인지심리학자인 Bransford와 Johnson(1972)이 실제로 한 실험으로 덩이글 이해가 단순히 텍스트 기반 형성을 넘어선다는 것을 웅변하고 있다. 즉, 글 자체가 어떤 상황을 기술하고 있다는, 그 상황 에 대해 정신적인 표상을 만들어야 한다는 것을 보여 주는 것이다. 이 런 표상을 덩이글이 기술하는 상황에 대한 일종의 모형을 만드는 것 이라는 의미에서 '상황 모형(situation model)'이라고 하며, 이는 우리 의 마음속에서 만들어지는 것이라는 의미에서 '심성(혹은 정신) 모형 (mental model)'이라고 부른다. 앞에서 예로 든 문단은 연구자들이 일 부러 상황 모형 형성이 어렵도록 만든 것이다.

상황 모형이라는 개념이 이해하기 어렵다면, 아파트 모델 하우스에서 쉽게 볼 수 있는 미니어처로 만든 단지 배치도를 생각하면 좋을 것이다. 전체 아파트를 한꺼번에 조망할 수 있는 모형이기에 여기서 이야기하는 상황 모형과 유사하다고 할 수 있다. 물론 우리가 말하는 상황 모형은 머릿속에서 만들어지는 것이기에 직접 볼 수 없지만 그 존재는 앞선 실험 결과가 보여 주듯이 확인할 수 있다.

그러면 이 상황 모형은 어떻게 만들어지는 것일까? 아마도 글 내용과 관련되어 우리들이 장기기억 안에 가지고 있는 정보가 동원되어 만들어지는 것이라고 추측할 수 있다. 여러분이 이미 기억에 관한 인지심리학 교과서에서 배웠듯이 우리의 장기기억 속에는 무수한 개념 지식, 특정한 개념과 관련한 내용을 추상화시켜 저장하는 도식, 실제 시간과 공간적 상황에서 경험한 일화기억, 구체적인 과정과 절차에 관한 절차기억 등이 자리 잡고 있으며, 덩이글 속에 포함된 내용이 이를 불러내고 글 내용과 합쳐져 글이 기술하고 있는 상황을 그려 내도록 만드는 것이다.

여러 실험 결과들이 이러한 생각을 지지하는데, 실험보다는 필자의 개인적인 경험이 여러분 마음에 더 와닿을지 모르겠다. 필자는 Umberto Eco의 『장미의 이름』이라는 소설을 읽으면서 전체적인 줄거리는 흥미로웠는데도 불구하고 여러 장면 기술에서 답답함을 경험했다. 이 소설은 중세 수도원에서 일어나는 살인 사건을 한 수도승과 제자가 추적하는 내용인데, 중간중간 수도원과 도서관에 관한 아주 자세한 묘사가 나온다. 하지만 중세 건물, 특히 수도원에 한 번도 가본적이 없는 필자로서는 이해가 어려운 게 당연한 것이고, 바로 깨끗한 상황 모형이 만들어지지 않았기 때문이라고 생각할 수 있다.

하지만 비교해서, 소설가 박경리의 『토지』를 읽다 보면 시골 기와집에 관한 자세한 묘사가 나오는데 이 묘사를 읽으면서는 그야말로 예전에 필자가 살던 집이 새록새록 생각나며 작가가 묘사하는 상황을 머릿속에 잘 떠올릴 수가 있었다. 즉, 경험과 지식이 상황 모형 형성에 필수적이다. 최근 『해리포터』를 책으로 읽고 후에 영화를 보면서도 비슷한 경험을 했다. "어, 저 장면은 저게 아닌데!" 내가 그렸던 상황 모형과 영화에서 보여 주는 장면이 불일치했기 때문일 것이다. 그리고 이 설명에서 이미 시사한 것처럼 상황 모형은 대부분 그림과 같은 심상(imagery)의 형태를 띨 것이라고 대부분의 연구자들은 추측하고 있다.

4. 글을 읽으며 배우기

덩이글 이해 과정에 관한 언어심리학 연구가 줄 수 있는 시사점의 하나로 '읽기를 통한 배우기(learning-by-reading)'를 생각해 보자. 소설과 같은 이야기를 이해하는 과정이 어떠하며, 어떤 요인에 의해 영향을 받는가를 알게 된 것은 당연하다. 하지만 재미를 위해 읽는 이야기식의 덩이글 말고, 읽으며 뭔가를 배워야 하는 설명식 덩이글 이해 과정에도 몇 가지 교훈을 줄 수 있다.

1) 요약하며 읽기

우선 응집성 있는 텍스트 기반을 형성하는 것이 중요하다는 것을 설명하였기에, 교과서 같은 덩이글을 읽으면서도 이를 달성하도록 노력하며 읽어야 한다. 텍스트 기반 중 특히 거시구조를 잘 형성하는 것은 아주 중요하다. 개별 내용들이 묶여 연결되는 기본적인 틀이기 때문이다. 그래서 여러분은 교과서의 차례와 각 장의 구성을 주의 깊게 머릿속에 담아 두어야 한다. 다짜고짜 책의 한 장을 처음부터 읽지 말고 그 전에 한 장의 소제목들, 혹은 각 소제목 밑에 포함된 단락 제목들이나 문단 제목들을 잘 마음에 담아 두고 난 후 읽기 시작하는 것이 좋다.

그리고 이 거시구조가 그 장의 핵심 내용이기에 책 뒷부분에 보통 포함되어 있는 요약을 미리 읽어 보는 것도 좋은 방법이다. 교과서 안에 문단, 단락별로 요약이 포함되어 있으면 이를 숙지하면 될 것이고, 이와 관계없이 여러분이 각 문단, 문단을 읽으며 그 요지를 한두 문장으로 정리해 보는 것도 좋다. 어떻게 보면, 후자가 여러분이 더 능동적인 역할을 하는 것이기에 기억에 오래 남는 형태로 유지하는 것이 된다. 필자는 한 문단을 읽은 후 문단 좌우에 있는 여백에 간략하게 요지를 적어 놓는 방법을 쓴 적도 있다. 인간 기억에 관한 인지심리학을 배운 독자라면, 이 거시구조가 바로 기억을 돕는, 즉 기억하고 있는 내용을 꺼내는 데 도움을 주는 인출(retrieval) 통로가 된다는 것을 알고 있을 것이다.

2) 알고 있는 것과 연관 짓기

필자는 늘 학생들에게 우리 인간이 새로운 학습이나 지식을 획득하는 것은 컴퓨터 하드디스크 공간에 저장하듯이 마음이라는 백지에 정보를 적는 과정이 아니라고 강조한다. 오히려 이미 알고 있던 사전지식에 처음 배운 내용을 연결하거나, 이미 알고 있던 지식을 수정해 나가는 과정이라고 역설한다. 예를 들어, 여러분이 처음 『심리학 개론』 책을 읽는다고 하더라도, 이미 여러분은 그 책에서 사용하는 여러 용어나 개념에 관해 알고 있는 것이 엄청나다고 할 수 있기에 이 지식을 동원하며 읽어야 한다. 앞서 설명했던 것처럼, 문장들 간의 응집성 확보를 위한 추론 과정이나, 글 자체가 기술하는 상황 모형 구축에 지식이 필수적이기 때문이다.

구체적인 예로 여러분이 심리학 개론의 '학습(learning)' 장을 읽는다면, "아, 나는 학습이라면 단순히 공부하는 것으로만 생각했는데 여기서는 조건자극과 무조건자극이 연합되는 조건형성도 포함시키는구나."라는 식으로, 혹은 한 단계 더 나아가 "그럼 이런 조건형성이 수학 공부에도 적용이 될까?" 하는 식으로 확장할 수도 있을 것이다. 사전에 알고 있는 지식을 활용하여 '나름대로 설명하기' '적극적으로 추측 또는 추론하기' '스스로 질문하기' 등이 바로 배움의 핵심이라고 할 수 있다. 더 자세한 내용은 김영진(2016)을 참조하기 바란다.

5. 맺음말

최근 IT 환경이 보편화되며, 지식 획득의 수단으로 동영상 같은 이미지가 중요시되고 있다. 하지만 새로운 정보의 획득과 이를 기반으로 한 새로운 지식의 창조에는 텍스트 읽기와 이해가 필수적이라고 할 수 있다. 가장 높은 교육을 받았다는 대학교 신입생들조차 여러 교과서 이해 능력이 떨어지는 경우를 종종 보게 된다. 사실 글을 읽고 이해하는 과정은 이 책에서 설명했던 것처럼 만만한 과정이 아니다. 개별 문장에서 그 의미를 뽑아내고 이들을 연결하며, 자신의 배경 지식을 첨가하여 그 글이 지칭하는 상황을 머릿속에 그릴 수 있어야 하기 때문이다. 독자들도 이 장의 내용을 잘 소화시켜, 단순히 덩이글 이해 과정에 대한 언어심리학적 이해뿐만 아니라, 글을 잘 이해하며 새로운 것을 배우는 능동적인 독자가 되길 바란다.

- 덩이글 이해에 필수적인 과정은 개별 문장에서 뽑아낸 의미들이 하나의 응집성 있는 구조로 만들어지는 과정이다.

- 이 응집성 형성 과정에는 글 자체에 포함된 단서가 사용되며, 아울러 글 내용과 관련된 우리가 갖고 있는 세상에 관한 지식이 활용된다.

- 글은 우리 마음속에 의미의 기본 단위인 명제 표상을 남기며, 이 명제들이 연결되는 미시구조와 거시구조를 형성한다.

- 덩이글 이해의 궁극적인 목적은 글이 기술하고 있는 상황에 관한 표상, 즉 상황 모형 혹은 심성 모형을 형성하는 것이다.

- 덩이글 이해 과정에 관한 언어심리학 연구 결과는 '글을 읽으며 배우는' 학습 과정에 시사를 준다.

- '글을 읽으며 배우는' 학습 과정에서는 특히 '요약하며 읽기'와 '자신의 지식과 연결 짓기'가 중요하다.

김영진(2016). 일상의 심리학. 서울: 맵씨터.

이정모(2009). 인지과학: 학문간 융합의 원리와 응용. 서울: 성균관대학교 출판부.

Bransford, J. D. & Johnson, M. K. (1972). Contextual prerequisites for understanding: Some investigations of comprehension and recall. *Journal of Verbal Learning and Verbal Behavior, 11*, 717–726.

Haviland, S. E., & Clark, H. H. (1974). What's new?: Acquiring new information as a process in comprehension. *Journal of Verbal Learning and Verbal Behavior, 13*, 512–521.

Kintsch, W. (1998). *Comprehension: A paradigm for cognition*. Cambridge: Cambridge University Press.

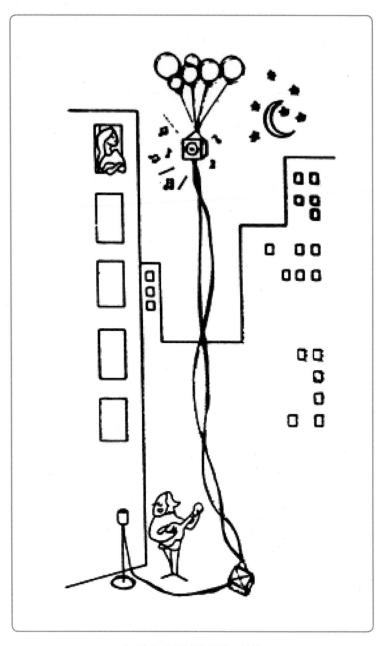

[그림 3-2] 글이 표현하는 상황

04 _

문장 이해: 다의성 해결하기

모든 덩이글/말은 문장이라는 기본 단위로 구성된다. 즉, 문장에 대한 이해가 선행되어야 한다. 그런데 어떤 문장이건 꼼꼼히 살펴보면, 이렇게 읽을 수도 있고 다르게 읽을 수도 있는 두 가지 이상의 의미, 즉 다의성이 내포되어 있다. 대부분의 경우 우리는 다의성을 자각하지 못한다. 그러면 이러한 다의성은 어떻게 해소되는 것일까? 이 장에서는 여러 가능한 다의성 해소 모형을 생각해 보았고, 다의성 해소의 일반 원리가 작업 기억의 부담을 최소화하는 단순성에 기초함을 설명하였다.

여러분은 지난 장에서 언어 사용의 두 과정을 배웠다. 2장에서는 화자와 청자가 서로 소통하기 위해 협동하고 조정하는 인지 과정을 배웠고, 3장에서는 이야기와 같은 덩이글/말을 이해하기 위해서는 응집성 있는 표상을 형성하는 인지 과정이 필요하다고 배웠다. 그런데 사실 필자가 의도적으로 말하지 않았지만, 이들 대화나 덩이글은 소위 말하는 문(sentence) 혹은 문장이라는 단위로 이루어진다. 한 단어로 시작해서 마침표로 끝나면 하나의 문장이 만들어진다는 것은 여러분도 다 아는 사실이다. 물론 문장은 단어라는 더 작은 단위로 이루어지지만 이 역시 다음 장까지 미루어 놓자.

그런데 이 문장이 어떻게 보면 언어의 가장 기본 단위라고 할 수 있는데 왜 이를 무시했을까? 사실 무시한 것은 아니다. 필자가 덩이글 이해 과정을 설명하며 덩이글, 즉 문장들 자체보다는 의미가 기억에 잘 남으며 이 의미는 '누가 무엇을 어떻게 했다.'와 같은 명제 형식으로 표기할 수 있다고 한 것을 기억할 것이다. 그리고 이 명제들이 연결되며 응집성 있는 표상과 상황 모형을 구축한다고 설명하였다.

그러면 문장의 의미 파악, 즉 명제는 어떻게 만들어지는 것일까? 바로 이 의문이 이 장에서 설명하고자 하는 주제이다. 여러분이 '소년이 강아지를 쫓아갔다.'라는 문장을 듣거나 읽는다고 하자. 그리고 이 문장을 우리 인지시스템이 어떻게 다루는지 따라가 보자. 한 가지 확실한 것은 이 문장 전체를 한번에 듣거나 볼 수 없다. 실제 시간상에서 제일 먼저 '소년이'를 받아들이고, 이를 우리의 작업기억에 유지한 채 다음 '강아지를'을 받아들이고, 이를 역시 유지하면서 다음 '쫓아간다'를 받아들일 것이다. 첫 번째 단어에는 '이'라는 조사가 있고, 두 번째에는 '를'이라는 조사, 그리고 마지막 단어는 술어로 '쫓아가다(소년, 강아지)'와 같은 의미, 즉 명제를 구성할 것이라고 추측할 수 있다. 듣지 않고 읽는 경우도 마찬가지이다. 독서할 때 일어나는 안구운동을 추적해 보면 역시 우리의 눈이 한번에 한 단어에만 고정하면서 진행되기 때문에 비슷한 과정이 일어난다고 보아도 무리가 없다.

1. 통사처리 과정

이 과정을 문장 정보처리 과정이라고 표현할 수 있고, 문장 이해 과정이라고 부를 수도 있다. 혹은 아주 구체화하여 언어학에서 쓰이는 통사론(syntax)이라는 용어를 빌려 통사처리 과정(syntactic processing; 분해과정, parsing)이라고도 한다. 물론 언어학의 통사론과 언어심리학의 통사처리 과정이 똑같지 않을 수 있지만 우선 통사처리 과정만을 생각해 보자.

통사처리 과정에서 이루어지는 중요한 처리는 첫째, 문장 내의 단어들이 묶이는, 즉 집단화하는 과정이며, 둘째, 단어들에 '주어' '목적어'와 같은 문법적 기능이 부여되며 새로운 구조가 만들어지는 과정이다. 앞에서 예로 든 문장의 경우 '소년이 주어가 되어 쫓아가며 그 대상은 강아지이다.'와 같은 구조가 형성되는 것이다. 이는 보통 다음과 같은 언어학의 '구 구조(phrase structure)'로 표현한다. 여러분이 고

등학교 국어나 영어 문법 시간에 배운 것들이 바로 이것이며 시간상
으로 하나씩 입력된 단어들에 위계적인 구조가 만들어지는 것이다.
다음 [그림 4-1]에 "부지런한 영수가 그 일을 마쳤다."라는 문장의 구
구조(통사구조)가 예로 제시되어 있다.

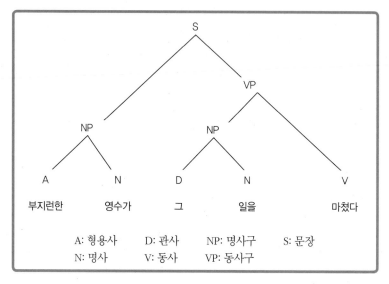

[그림 4-1] 구 구조(phrase structure)

그러면 통사처리 과정은 어떤 정보를 이용하여 이루어질까? 전 세
계에 존재하는 인간 언어들은 통사처리에 활용되는 서로 다른 종류
의 단서를 가지고 있다. 우리가 한국어 단어의 종류를 살펴보면 어떤
단어들은 '뜻'이 있지만 그렇지 않은 것들도 있다. '명사' '동사' '형용
사' 등의 문법 범주에 속하는 단어는 소위 말하는 뜻이 있는 '내용어
(content words)'이고 '관사' '관계사' '조사' '어미' 등은 뜻은 없고 문장
내의 역할을 나타내는 '기능어(function words, 문법적 기능)'이다. 그리

고 이들 문법 범주 정보와 기능어들이 바로 통사처리의 기본 재료, 즉 단서가 된다고 할 수 있다. 물론 언어 종류별로 차이는 있을 것이다. 영어처럼 단어의 입력 순서, 즉 어순이 중요할 수도 있고, 한국어나 일본어처럼 어순이 자유로운 언어에서는 조사나 어미가 중요할 수 있다. 그런데 이들 단서를 가지고 통사처리가 잘 이루어질까? 다음 예들을 살펴보자.

1. 철수가 영희와 영진을 때렸다.
2. 철수가 공부하면서 노래하는 영희를 보았다.
3. 철수가 훔친 차를 쫓아갔다.

예민한 독자라면 벌써 알아챘을 것이다. 이 세 문장 모두 두 가지 이상으로 '읽을 수' 있는, 즉 두 가지로 통사처리를 할 수 있다. 1번에서는 '영희와'를 '철수가'와 묶을 수도 있고 '영진을'과 함께 묶을 수도 있다. 즉, '철수와 영희가 함께 영진을 때린' 것일 수 있거나 '철수가 영희와 영진 모두를 때린' 것일 수도 있다. 2번에서도 마찬가지로 '공부하면서'를 앞의 '철수'와 묶을 수 있고, 아니면 뒤에 나오는 '노래하는 영희'와 묶을 수도 있다. 두 가지 이상으로 '읽을 수' 있다는 것을 독자들도 이해했는지 모르겠다.

3번은 다소 복잡하다. '훔친'이라는 단어를 앞으로 묶어 '어느 누군가가 철수가 훔친 차를 쫓아가는' 것으로 읽을 수도 있고 '어느 누군가가 훔친 차를 철수가 쫓아가는' 것으로 읽을 수도 있다. 이런 문장을 다의성(ambiguity, 중의성) 구조라고 하면 통사처리 장치가 해결해야할 근본적인 문제가 된다. 왜냐하면 앞에서 얘기했던 것처럼 통사처리란 단어들을 묶고, 그들 간의 관계를 계산하는 과정이기 때문이다. 그런데 이들 문장에서는 다의성이 문장 마지막에서도 해소되지 않지만, 우리가 사용하는 일상 문장에서는 여러 위치에서 다양한 다의성이 존재해도 어느 위치에 가서는 그 다의성이 해소되는 문장 구조도 있는데, 이를 '국소(local) 다의 문장' 구조라고 부른다. 바로 이 구조가 언어심리학자들이 관심을 가졌던 구조이다. 다음 영어와 한국어 예를 보자.

4. The horse raced past the barn …

5. 영희가 영수를 때린 …

앞의 예에서 '…' 표시는 그 위치 전까지 통사처리 장치에 입력된 정보를 나타낸다. 여러분은 위의 두 문장 부분을 어떻게 읽었는지 모르겠다. 아마도 4번은 '그 말이('The horse') 헛간을 지나('past the barn') 뛰어가고('raced') …' 있다는 식으로, 5번은 '영희가 영수를 때렸고 …' 하는 식으로 읽었을 것이다. 말하자면, 두 경우 모두 한 문장이 시작되어 계속되는 것으로 읽게 된다. 그럼 다음처럼 두 가지로 서로 다른 단어가 제시된 경우를 생각해 보자.

4. The horse raced past the barn …

4-1. The horse raced past the barn <u>and fell</u>.

4-2. The horse raced past the barn <u>fell</u>.

5. 영희가 영수를 때린 …

5-1. 영희가 영수를 때린 <u>소문이 자자했다.</u>

5-2. 영희가 영수를 때린 <u>영진을 찾아갔다.</u>

4-1에서는 우리가 앞서 한 통사처리 혹은 분석이 타당하다. 즉, '그 말이 헛간을 지나 뛰어가다가 그리고 넘어졌다.'라는 식으로. 하지만, 4-2에서는 우리가 했던 통사처리가 틀렸음을 알려 준다. 영어 문장에서는 동사가 두 개가 될 수 없기에('raced' 'fell'), 'raced past the barn'을 주절에 삽입된 관계절로 주어를 수식하는 것으로 다시 분석하고 마지막 'fell'이 주절의 동사가 되어야 한다. 사실 우리가 알아채지 못하는 경우가 많지만, 'raced past the barn'은 국소 다의성 영역이다. 주절 혹은 관계절로 분석할 수 있으며 마지막 동사가 다의성을 해소하게 하는 위치가 된다.

한국어에서도 비슷하다. 5-1은 문제가 없으나, 5-2에서는 '영수를 때린 사람은 영희가 아니라 영진'으로 분석해야 한다. 즉, '영수를 때린'이 '영희'와 같이 주절이 될 수도 있고 삽입 관계절 혹은 관형절의 시작일 수도 있다.

그렇다면 이런 국소 다의성을 우리의 통사처리 장치는 어떻게 다룰까? 여러 가지 가능성을 고려하며 다양한 이론 혹은 모형을 구상해 볼 수 있다. 어떤 독자들은 이론이나 모형에 관해 얘기하면 괜히 쓸데 없는 논리 장난으로 치부하기도 한다. 하지만 모형이란 흥미로운 현상을 설명하기 위해 만드는 것이다. 그리고 실험 결과를 통해 모형이 맞는지 틀린지를 판단하고, 어떻게 그 모형을 고쳐야 하는지 모색하는 것이 과학 작업의 진수라고 할 수 있다. 그러므로 거부감을 갖지 말고 국소 다의성이라는, 우리가 사용하는 언어에 비일비재한 현상을 설명하는 모형을 만들어 보자.

2. 국소 다의성 처리 모형

1) 지연 모형

우선 쉽게 생각할 수 있는 가능성의 하나로, 이런 국소 다의성을 처리하지 말고 나중 다의성이 해소되는 정보가 나오기를 기다리면 될 것이다. 즉, 다의성이 해소되는 위치까지 처리를 지연하면 되기에 지연 모형이라고 부를 수 있을 것이다. 어순이 '주어-동사-목적어'로 일정한 영어와 달리 한국어와 일본어는 동사(술어)가 맨 마지막에 나오고, 주어와 목적어의 순서도 자유롭게 바뀌며, 주어가 쉽게 생략되기도 한다. 그래서 문장 말미에 다다르기 전까지 상당한 국소 다의성이 존재할 수 있기에 성급히 단어를 묶고 문법적인 관련성을 계산하는 통사 분석을 하기도 어렵고, 또 할 필요 없이 기다리는 게 상책일 수 있다. "우리말은 끝까지 들어 봐야 해."라는 농담이 있으니 말이다. 하긴 그래서 일본어의 통사 분석이 지연된다고 주장하는 일본 학자도 있다.

그런데 한 가지, 우리들의 인지 과정, 특히 기억 과정에 관한 인지 심리학 지식과 연관시켜 생각해 볼 점이 있다. 단어, 단어들을 받아들이며 이들을 유지하는 기억 시스템은 바로 단기기억 혹은 '작업기억(working memory)'이다. 여러분이 이미 알고 있듯이 이 기억 공간은 '일곱 개에서 더하거나 빼기 두 개(7 ± 2)'라는 아주 적은 용량만을 갖고 있다. 사람마다 개인차가 있지만 보통 적게는 5개, 많게는 9개 정도의 정보만을 기억에 담을 수 있다. 그리고 입력된 정보를 저장·유지하며 이 정보를 묶거나 관련지으며 여러 계산을 해야 하는 곳이 바로 작업기억이다. 이때 정보를 하나로 묶는 덩이(chunking) 형성을 통해 용량의 한계를 극복할 수 있으며, 처리된 정보는 기억 공간에서 치워 새로운 입력을 계속 받아들일 수 있게 해야 한다. 이 내용이 낯선 독자는 심리학 개론의 기억 장을 참조하기 바란다.

바로 이런 작업기억의 처리 기제가 지연 모형과는 양립하기 힘들어 보인다. 무작정 다의성을 해소할 수 있는 단어가 나올 때까지 기다리다 결국에는 문장 마지막 동사까지 기다리게 되는데, 이는 일곱 개 정도의 정보만 유지할 수 있는 작업기억에서는 이루어질 수 있는 처리가 아니다. 물론 지연하는 단어의 개수를 서너 개로 한정하는 방식으로 조정하여 이 모형을 살릴 수는 있을 것이다.

2) 병행처리 모형

두 번째 가능성은, 두 가지 이상의 통사 분석이 가능하다면 아예 이 두 종류의 분석을 모두 하면서 가지고 가다가 나중 다의성이 해소되는 위치에서 적절한 분석은 지속하고 나머지는 폐기하면 된다고 생각하는 것이다. 두 가지 이상의 분석을 모두 가져간다는 의미에서 두 처리가 병렬 혹은 병행(parallel)으로 수행되기에 병행처리 모형이라고 부를 수 있다. 하지만 이 역시 앞서 논의한 제한된 용량의 작업기억 처리와는 잘 맞지 않아 보인다. 두 개 정도는 괜찮겠지만 단어 수가 늘어날수록 가능한 통사 분석의 수도 기하급수적으로 늘어날 터인데, 이 분석들을 모두 작업기억에서 시행하고 유지한다는 것은 논리적으로 불가능하다. 이 모형도 몇 가지 조정을 할 수도 있다. 우선 가능한 분석의 수를 두세 개로 한정하고, 이 분석들 중 어느 것이 가장 가능성이 높은지 가중치를 주어 더 많은 용량을 할당해 주는 방식으로 용량의 제한을 비켜 갈 수도 있다. 실제로 이런 수정된 병행처리 모형이 주장되고 있으며, 그 타당성이 실험적 증거로 제시되기도 한다.

그럼에도 불구하고 이 지연 모형과 병행처리 모형은 아무리 수정과 보완을 한다고 해도 왠지 기본적인 우리의 인지특성과 잘 맞지 않아 보인다. 대안이 필요하기에 다음 모형을 보자.

3) 가든 패스 모형

가든 패스 모형은 Frazier와 Rayner가 제안한 것인데, 이를 번역하는 것보다는 이름 자체를 설명하는 것이 모형의 핵심을 파악하는 데 도움이 될 것이라고 생각하여 그대로 썼다. 여러분이 키 큰 나무에 둘러싸여 미로처럼 여러 갈래 길이 있는 정원을 헤매고 있다고 하자(필자는 이런 장면을 〈해리포터〉 영화에서 본 적이 있다). 이 정원에서 분명 다른 길이 있는 데도 이를 놓치고 한길을 따라가다 막다른 골목에 다다르게 되는 경우가 있는데, 이를 영어로 '길을 놓친' '혼동한'이라는 뜻의 'garden-pathed'라고 표현한다(Frazier & Rayner, 1982). 즉, 이 모형은 우리들이 다의적인 문장 구조에서조차도 한길을 따라가는 것처럼 한 분석만을 따라가게 된다고 생각한다. 그리고 물론 잘 되면 좋고 잘못되면 재분석을 하는 것으로 생각하자는 것이다.

이 모형은 여러 가지 매력적인 측면을 갖고 있다. 첫째로, 제한된 작업기억 용량의 문제를 해결한다. 한 번에 하나의 분석만 이루어지기에. 둘째로, 우리의 언어적 직관과 일치한다. 우리 대부분은 앞에서 예로 들었던 문장들을 언어학자처럼 눈에 불을 켜고 들여다보지 않는 한, 다의성을 갖고 있다는 사실조차 깨닫지 못한다. 여러분들도 마찬가지였을 것이다. 셋째로, 인지처리의 기본 원리라고 할 수 있는 처리의 '즉각성(immediacy)'에 부합한다. 인간의 인지처리는 충분한 정보가 입력되기를 기다리지 않으며, 그때그때 입력되는 정보에서 수행할 수 있는 계산과 처리를 즉시 실행한다. 그리고 이렇게 조금씩 이루어진 처리 결과들이 증가하게 된다. 이를 '점진처리(incremental processing)'라고 부른다. 물론 이 처리가 성공적일 수도 있고 실패하는 경우도 있을 것이다. 넷째로, 많은 실험 결과와 일치한다. 이 많은 실험들의 논리와 결과들이 주는 시사점을 따라가 보면 재미를 더할 수도 있지만 하나의 실험 결과만 다음에 제시한 예 문장을 살펴보며 검토하자(Koh, 1997).

> 6. 엄마가 예쁜 막내딸에게 삼촌이 사 준 차를 물려주었다.
> 7. 엄마가 예쁜 막내딸에게 삼촌이 사 준 차를 좋아했다.

독자들은 위 두 문장을 읽고 뭔가 이상한 차이를 느꼈는지 모르겠다. 어느 문장이 더 어렵다고 생각되는가? 왜? 어느 위치에서? 실험 결과, 마지막 단어인 동사에서 7번 문장이 더 긴 읽기시간을 보였다. 이 결과가 주는 시사점이 무엇일까? 여러분의 직관을 동원해 이 두 문장을 다시 검토해 보자. '막내딸에게'는 다의적임에도 불구하고 우선 주어인 '엄마가'와 묶이는, 즉 주절의 명사구로 처리가 될 것이다. 여러분의 직관도 아마 비슷할 것이다. 그리고 '삼촌이 사 준 차를'이 나오면서 오히려 다른 가능성이 늘어나는 데도, 즉 '삼촌이 막내딸에게 차를 사 줄 수' 있는데도 불구하고 처음 분석을 유지한다. 다시 말해, 이미 가기 시작한 길을 계속 따라가는 것이다. 6번에서는 이 분석이 성공적이었다. 그러나 7번에서는 '좋아하다'가 여격 명사구 '에게'를 필요로 하지 않기에 재분석이 이루어져야 한다. 즉, 첫 분석이 잘못되었음을 확인하게 된다. 즉, '삼촌이 막내딸에게 차를 사 준 것'으로 다시 읽어야 한다.

이와 같이 통사처리가 이루어지는 과정에 관한 세 모형을 살펴보았다. 마지막 가든 패스 모형이 현재로서는 가장 그럴듯해 보이지만 문제가 해결된 것이 아니다. 앞의 예에서처럼 다시 읽어야 하는 재분석 과정이 어떻게 이루어지는지 설명되어야 한다. 이 모형과 상반되는 증거도 있으며 논리적인 대안도 여러 가지 제시되고 있다. 아예 이 다의성을 해결할 수 있는 새로운 해결책이 가능할까? 이에 대해서는 앞으로 새로운 실험과 논리적 가능성에 대한 모색이 필요하다. 여러분도 잘 생각해 새로운 아이디어를 내 보길 바란다.

3. 통사처리 전략

다의적인 문장에 대해 한 번에 하나의 분석만 이루어진다는 가든 패스 모형의 틀 안에서 해결해야 할 문제가 하나 남아 있다. 이 한 가지 분석, 즉 우선적으로 이루어지는 첫 통사 분석은 어떤 것일까? 필자는 여러분에게 4, 5, 6, 7번 문장을 어떻게 읽었는지를 물었고 조심스럽게 이런 식으로 읽었을 것이라고 예측했었다. 우리의 언어적 직관이 항상 옳은 것은 아니지만 새로운 깨달음을 줄 수 있기에 여기에 뭔가 단서가 있을지도 모른다.

본격적으로 첫 통사처리가 이루어지는 방식을 얘기하기 전에, 여러분의 심리학 개론 지식을 떠올려 보자. 여러분은 개론의 지각심리학 부분을 배우면서, 우리의 눈에 제공되는 망막 정보는 너무 광범위하고 모호하기에 우리의 지각 시스템이 일종의 전략, 즉 간편한 해결방식을 사용한다는 것을 배웠을 것이다. 게슈탈트 심리학자들의 지각 원리들이 바로 그것이다. 서로 유사한 자극은 한데 묶고(유사성), 가까이 있는 자극들은 하나로 집단화(근접성)하는 등의 전략을 지각과정에서 사용한다고 배웠을 것이다. 아울러 우리가 문제해결이나 판단과 같은 사고와 의사결정 과정에서도, 모든 가능한 방법이나 확률을 완전히 계산해서 최종 결론을 도출하는 것이 아니라 몇 가지 인지적 특성을 고려하는 전략들을 사용한다는 것을 배웠을 것이다. 대표성, 가용성 전략들이 예로 생각날 것이다. 혹 친숙하지 않은 독자들은 개론서의 해당 장을 참조하길 바란다.

통사처리 전략들은 주로 영어를 대상으로 분석하며 탐구되어 왔다. 그래서 이들 전략을 이해하기도 쉽지 않고, 또 한국어와 같이 여러 측면에서 영어와 다른 언어에도 적용이 될 것인지 의심이 들기도 한다. 그렇지만 만약 공통성이 존재한다면, 이는 단순히 특정 언어의 통사처리에 한정되지 않는 인지처리의 보편성을 의미하는 것이기에 심각히 고려할 가치는 있다. 우선 다음 예부터 살펴보자.

8. The teacher told children the ghost story …

이 예에서 'the ghost story'와 같은 세 개의 단어를 구(phrase)라고 부르는데 이는 'told'의 여격 목적어로 읽게 된다. 즉, 이 구를 새로운 절의 시작으로 분석하는 것이 아니라, 현재 분석 중인 절에 단순히 부착하는 방식이다. 이처럼 '입력되는 단어를 현재 구성 중인 구 구조상에 새로운 연결(즉, 마디)을 최소화하는 방식'으로 분석하는 전략을 '최소 부착(minimal attachment)'의 원리라고 부른다(Frazier & Rayner, 1982). 혹은 다르게 표현하여 '현재 처리 중인 구나 절을 성급히 닫지(끝내지) 말고 새로 입력되는 단어를 이 구나 절에 부착하는 방식'이라고 풀어 쓸 수도 있다. 이를 '늦은 종결(late closure)'의 원리라고 부른다(Frazier & Rayner, 1982). 앞에서 예로 든 한국어 5번 문장을 5-1로 읽게 하는 분석이 바로 이 전략들이 사용됨을 보여 준다.

물론 5번이나 8번 예에서는 이 두 전략이 일치하지만, 한 가지 전략만 적용되는 문장도 있으며, 심지어는 이 두 전략이 동시에 적용되어 서로 다른 분석을 하게 되는 경우도 있다고 한다. 하지만 이 전략들에 대한 자세한 논의는 앞으로의 연구 결과를 기다리며 미루는 게 나아 보인다. 언어에 따라 이 전략들이 적용되지 않는다는 연구 결과들도 꽤 있으며, 이를 설명하기 위해 새로운 전략들이 다시 제기되기 때문이다. 오히려 현 수준에서는 이들 전략들이 시사하는 바를 생각해 보는 게 나을 것이다.

'새로운 연결(마디)을 만들지 않고 현재의 구조에 연결하는 분석'을 한다는 것이 무슨 의미일까? 앞서 얘기한 것처럼 통사 분석이란 단어들을 묶고 이들 단어들 간의 관계를 계산하는 과정이라고 언급했다. 이는 결국 특정 시점에서 수행 가능한 여러 처리 중 가장 단순한 분석을 택한다는 의미일 것이다. 말하자면, 단순한 단어의 집단화와 단순한 관계 계산이다. 한 단어가 입력되었을 때, 이 단어가 새로운 구나 절의 시작일 수 있고 혹은 삽입된 관계절일 수 있음에도 불구하고(즉, 복잡한 구조를 이룰 수도 있지만) 현재의 처리나 분석을 단순히 늘려 가는(단순한 구조를 상정하는) 방식을 채택하는 것이다. 이런 의미에서 두 전략들을 합쳐 '단순성(simplicity)' 전략이라고 부르는 게 나을 것이다(Kim & Choi, 2009).

우리는 앞서 언어 이해의 기본 원리로 즉각성 원리를 언급했다. 다시 말해, 우리의 언어 이해 장치는 비록 충분한 정보가 없고 잘못된 처리를 할 수 있는 가능성이 있음에도 불구하고, 제공된 부분 정보만으로 할 수 있는 처리를 미루지 않고 수행한다. 그리고 이 즉각적인 처리가 바로 단순성 전략에 따라 이루어진다고 생각하면 될 것이다. 컴퓨터 구조를 빌려 비유하자면 '즉각성'과 '단순성'이 언어 이해의 기본 설정(default setting)인 셈이다.

4. 통사처리와 덩이글 이해

지금까지 문장의 다의성을 해소하는 통사처리 과정이 어떻게 이루어지는지, 어떤 기본 전략이 사용되는지를 설명하였다. 하지만 잊지 말아야 할 것은 한 문장의 통사처리는 그 문장이 포함된 덩이글 맥락에서 이루어진다는 점이다. 문장 하나만 읽거나 보는 경우보다는 덩이글 속에 포함된 한 문장을 읽거나 보는 것이 대부분이기 때문이다. 곧 덩이글, 즉 다른 문장들이 존재하며, 이 덩이글 이해를 위해 덩이글 자체에 포함된 정보와 우리가 머릿속에 갖고 있는 지식이 동원된다는 것으로 이는 앞서 3장에서 설명한 바 있다.

그렇다면 이러한 덩이글 이해 과정이 통사처리에 영향을 끼치지 않겠는가 하는 의문이 생길 것이다. 사실 언어심리학자들 사이에, 이러한 덩이글처리 과정이 문장의 문법적 다의성을 해소하는 데 사용될 것이냐의 문제를 갖고 많은 학술적 논쟁이 있어 왔으며 각자의 입장을 지지하는 증거를 제시해 왔다. 언어학 배경이 강한 연구자들은 통사처리가 우리의 자각도 없이 이루어지는 자율적인 과정이기에 이런 덩이글처리와 지식의 영향에서 자유로울 것이라고 주장하는 반면, 인지심리학적 배경이 강한 연구자들은 여러 정보들이 함께 상호작용하며 통사 분석이 이루어진다고 주장한다. 즉, 통사처리의 독립성과 상호작용 여부에 대한 논쟁으로 통사처리가 '단원성(모듈, modularity)'을 갖느냐의 논쟁이다. 필자는 이러한 논쟁의 늪에 독자를 허우적거리게 만들 의도는 없다. 단지 이 문제는 다음 장에서 논의할 어휘처리의 단원성 주제와 같은 성격이기에 그때까지 미루겠다.

대신 단어 간의 관계성을 계산하는 과정에 덩이글 맥락이 영향을 끼치며 한국어에 독특한 문법적 장치라고 할 수 있는 조사 '는'에 관한 실험(김영진, 임윤, 2004)을 간략히 소개하겠다. 다음 예를 살펴보고 여러분의 언어적 직관을 동원해 보길 바란다. 우선 9번을 읽은 다음에 9-1 문장을 읽어 보고, 두 번째에는 다시 9번을 읽은 후 9-2를 읽어 보길 바란다.

9. 같은 유아원에 다니는 영수, 철수, 영희가 놀이방에서 놀이를 하고 있었다. 유아원 교사로 새로 부임한 여선생님이 원장과 함께 놀이방에 들어왔다. 여선생님이 아이들이 서로 좋아하는지 물었다.

9-1. 원장이 선생님에게 "영수가 영희를 좋아한다고" 살며시 말했다.

9-2. 원장이 선생님에게 "영수가 영희는 좋아한다고" 살며시 말했다.

9-1과 9-2의 차이를 여러분은 감지했는지 모르겠다. 어떤 차이가 있는 것일까 아니면 아무 차이가 없을까? 차이는 '영희'에 붙은 조사 '를'과 '는'이다. 두 경우 모두 '영수'는 주어, '영희'는 목적어로 통사 분해하면 된다. 이번에는 9번 덩이글을 다음 10번과 같이 바꾼 경우에 같은 방식으로 10-1과 10-2의 차이를 찾아보자.

10. 같은 유아원에 다니는 영수, 영희가 놀이방에서 놀이를 하고 있었다. 유아원 교사로 새로 부임한 여선생님이 원장과 함께 놀이방에 들어왔다. 여선생님이 아이들이 서로 좋아하는지 물었다.

10-1. 원장이 선생님에게 "영수가 영희를 좋아한다고" 살며시 말

했다.

10-2. 원장이 선생님에게 "영수가 영희는 좋아한다고" 살며시 말
했다.

독자들은 아마 앞의 9번 예에서 9-1과 9-2의 차이를 어렴풋이나마 잡아냈을 것이다. 9-2에서는 '영수가 영희는 좋아하지만 아마도 철수는 싫어한다.'라는 식의 읽기가 가능할 것이다. 보통 조사 '는'은 '가'와 같은 주격 조사 대신이거나 '를'과 같은 목적격 조사 대용으로 사용되지만 글 맥락에서 특정한 대상을 강조하거나 다른 대상과 대조하는 덩이글 기능을 함께 가지고 있다. 9번의 예는 바로 대조 혹은 대비의 기능을 보여 준다.

반면, 10번 맥락은 이런 대조가 불가능한 '철수'가 빠진 두 아이만을 언급하고 있으며, 그러기에 10-1과 10-2의 차이가 없는, 즉 대조 기능으로서의 '는' 사용이 적합하지 않은 경우인 것이다. 실험 결과에서는 10번 경우에 10-2가 10-1보다 더 긴 읽기시간(즉, 맥락의 부적절성에 따른 처리의 어려움)을 보여 우리의 직관을 지지하고 있다. 이는 곧 통사처리 과정에 이미 덩이글 맥락에서의 처리가 영향을 끼치고 있다는 것을 보여 주는 결과인 것이다. 물론 앞으로 연구가 더 필요하다. 조사 '는'은 주격의 대체로도 사용되기에 여기서도 비슷한 과정이 일어나는지 궁금하다.

5. 맺음말

통사 분석은 사실 우리의 자각 없이 신속하고 자동적으로 이루어
지는 과정이다. 본 장에서는 문장의 다의성이 다루어지는 여러 언어
의 심리학적 탐구만을 개관하였다. 하지만 통사처리의 문제는 문장
의 복잡성에 대한 연구도 포함한다. 예를 들어, "다람쥐가 토끼를 넘
어뜨린 오리를 쫓아간다."의 관계절 문장 구조는 "토끼를 넘어뜨린
오리를 다람쥐가 쫓아간다." 문장보다 이해하는 데 시간이 훨씬 오래
걸린다. 즉, 한 절이 다른 절 안에 삽입되어 이해의 어려움을 일으키
는 것이다. 이러한 구조적 특성 이외에도 어순, 한 단어가 절 내에서
갖는 문법적 기능 등 여러 요인들이 문장 이해에 어려움을 일으킨다.
이들 요인을 찾고 그 이유를 인지 과정과 관련시키는 연구들도 진행
되고 있다. 한편 이러한 통사처리 과정에서도 개인차를 관찰할 수 있
으며 특히 작업기억의 개인차와 밀접히 관련된다는 연구 결과들도 보
고되고 있다(이송이, 2011).

- 문장 내의 단어들이 묶이는, 즉 집단화하는 과정과 단어들에 '주어' '목적
  어'와 같은 문법적 기능이 부여되며 새로운 구조가 만들어지는 과정을 통사
  처리 과정이라고 부른다.

- 통사처리 과정을 살펴볼 수 있는 최적의 예는 국소 다의성 구조 문장이다.

- 다의성이 해소되는 과정에 관한 여러 모형이 가능한데, 지연 모형은 국소 다의성이 해소되는 위치까지 통사처리가 지연될 것이라고 여기고, 병행처리 모형은 가능한 모든 통사계산이 병렬적으로 이루어진다고 생각한다.

- 우리 인간의 작업기억의 한계로 위의 두 모형은 적절하지 않다고 여겨져, 가든 패스 모형은 하나의 분석이 우선 이루어지고 이후 다시 재분석된다고 주장한다.

- 단어들이 입력되는 초기 단계에서 이루어지는 통사 분석은 지연 없이 즉각적으로 그 시점에서 가장 단순한 구조를 만드는 방식으로 이루어진다. 즉, 단순성이 통사 분석의 기본 전략이다.

- 통사 분석과 덩이글 이해와 같은 처리 과정의 상호작용 여부에 대한 이론적 논쟁이 진행되고 있다.

읽을거리

김영진, 임윤(2004). 한국어 주제 표지 명사구의 이해 과정. 한국심리학회지: 실험, 16, 483-499.

이송이(2011). 독서이해과정에서 작업기억의 역할. 아주대학교 석사학위논문.

Frazier, L. & Rayner, K. (1982). Making and correcting errors during sentence comprehension: Eye movements in the analysis of structurally ambiguous sentence. *Cognitive psychology, 14*, 178-210.

Kim, Y., & Choi, K. (2009). Korean sentence processing. In C. Lee, G. B. Simpson, & Y. Kim (Ed.), *The handbook of east asian psycholinguistics, Vol. III, Korean*(pp. 443-441). Cambridge: Cambridge University Press.

Koh, S. (1997). The resolution of the dative NP ambiguity in Korean. *Journal of Psycholinguistic Research, 26*, 265-273.

INTRODUCTION
TO
PSYCHOLOGY

어휘 파악: 마음 사전에 접속하기

우리가 어떤 한 언어를 말하고 사용할 수 있다는 것은 그 언어의 어휘 사전을 머릿속에 갖고 있다는 말이다. 그러면 이 마음속 사전은 어떤 모양일까? 우리가 사용하는 사전처럼 '가나다' 순서일까? 이 장에서는 여러 다양한 실험 기법을 사용한 연구를 설명하며, 우리의 마음속 사전이 사용 빈도 순서로 구성되어 있으며, 의미적 관련성이 체제화의 기본 원리임을 설명하였다. 아울러 단어 접속이 다른 처리에 의해 영향을 받지 않는 독립적인 처리 장치라는 단원성의 문제를 다루었다.

여러분은 지금까지 대화라는 상황에서 소통하는 화자와 청자 간의 조정이 효율적인 의도 파악을 위해서 필수적이며, 덩이글/말의 이해를 위해서는 개별 문장들을 하나의 응집성 있는 표상으로 구축하여, 그 글/말이 지칭하는 상황에 관한 모형을 만드는 것이 중요하다는 것을 배웠다. 그리고 개별 문장 이해를 위해서는 문장 속에 포함된 단어들을 큰 덩어리로 묶고 서로 간에 갖는 관련성을 계산하는 과정이 필요하다는 것도 배웠다. 그리고 마침내 이 장에서 언어의 가장 기본이 되는 단위라고 할 수 있는 단어 혹은 어휘의 문제에 다다르게 되었다. 단어라는 작은 단위에서부터 시작해 문장, 덩이글, 대화처럼 더 큰 언어의 단위에 관해 그 심리적 처리 과정을 설명하는 게 자연스럽기는 하지만, 필자가 앞서 설명했던 것처럼 독자들에게 언어심리학 탐구가 궁극적으로는 소통이라는 언어 사용 맥락에 기초해야 되기에 거꾸로 기술한 것이다.

그러면 '단어' 혹은 '어휘'를 우리들은 어떻게 처리하는 것일까? 그런데 여기서 '처리'라는 용어가 막연해 질문 자체가 불명확하게 느껴질지 모르겠다. 더구나 '내가(혹은 내 마음이) 단어를 어떻게 다루었지?'라고 스스로 생각해 보아도 답이 나올 리 없다. 대부분의 경우 우리들은 보거나 들은 단어를 아무 노력 없이 순식간에 알아채고 그 과정을 떠올릴 수 있기 때문이다. 인지심리학자들이 표현하듯이 단어 처리는 우리의 자각 없이 거의 자동적으로 이루어지기 때문이다. 이를 잘 알 수 있는 현상이 소위 말하는 스트룹(Stroop) 효과이다. '빨강'이란 단어를 파란 색깔로 쓴 경우와, 같은 '빨강'이란 단어를 빨간 색깔로 쓴 경우와 비교하여, 그 단어가 쓰여진 색깔을 말하라고 하면(전자는 파랑, 후자는 빨강이라고 응답해야 한다.) 글자 자체와 색깔이 불일치하는 전자에서 반응하는 시간이 느려진다. 왜 그럴까? 색깔을 말하려고 하는데, '빨강'이라는 단어가 자동적으로 처리되어 의미가 파악되면서 '파랑'이라는 응답을 방해하기 때문이다.

그래서 독자들에게 'BANK('은행' 혹은 '둑'이라는 뜻)'라는 영어 단어를 예를 들어 어휘 파악에 필요한 과정을 설명해 보겠다. 여러분이 이 단어를 보거나 들었다면, 우선 'B' 'A' 'N' 'K'라는 낱자를 파악하거나 혹은 /b/ /a/ /n/ /k/라는 음을 파악해야 할 것이다. 그리고 이 낱자 혹은 음들이 특정한 순서로 조합되어 하나의 단어 단위가 만들어지고, 이 단어의 뜻이나 발음, 문법적 품사 등의 단어에 관한 정보를 끄집어내야 한다. 실제로 여러분이 이 단어를 처음 접하는 것이라면, 이를 영어사전에서 찾아야 한다. 다시 말해, 이 낱자들과 낱자 순서, 즉 표제어(entry)를 가지고 사전을 뒤적여 거기에 쓰여 있는 품사, 발음기호, 의미, 유사어, 그 단어가 쓰이는 예 등의 정보를 읽어 보아야 한다.

우리말의 한자 단어를 예로 하나 더 들어 보자. 여러분이 /pan-chik(반칙)/이란 단어를 들었다고 하자. 그러면 /ㅂ ㅏ ㄴ ㅊ ㅣ ㄱ/과 같은 음을 듣고, 이 음들의 결합으로 '반칙'이라는 표제어가 파악되고, 사전을 들춰 보아 그 의미나 품사 등을 파악할 것이다. 이는 소리말을 음성적인 수준에서 처리하여 사전을 찾아보는 과정이다. 혹은 '반칙'이라는 단어를 보았다면 'ㅂ ㅏ ㄴ ㅊ ㅣ ㄱ'과 같은 낱자와 이를 결합한 '반' '칙'이라는 '표기(orthography)'를 확인하고 이를 합쳐 '반칙'이

된 후 이를 바탕으로 앞서와 같이 사전을 찾는 과정이 일어날 것이다.

독자들에게 '표기'라는 단어가 생소할지 모르겠는데, 간단히 생각하면 우리 한글은 우리말 소리를 특정한 방식으로, 즉 자음 14개와 모음 10개를 직선, 사선, 점으로 표시한 것이기에 표기(혹은 표시)라는 단어를 쓴다고 생각하면 될 것이다. 물론 경우에 따라서는 음과 표기가 일치하지 않는 경우도 있다. 예로 '학교'와 '학년'에서 '학'이라는 표기는 같지만 각기 /학/과 /항/으로 발음된다. 여하튼 이런 소리 파악과 표기 파악을 거쳐 사전 찾기를 하는 것과 같은 과정과 비슷한 과정이 머릿속에서 단어를 처리할 때도 일어날까?

1. 단어재인

언어심리학자들은 그렇다고 생각한다. 우리들이 영어 단어를 많이 알고 있는 사람을 "걸어 다니는 사전이야."라고 표현하듯이 우리의 마음속에도 사전이 있고, 우리가 접한 낱자나 음들의 조합을 표제어로 알아채고 마음속 사전을 들춰 보는 과정이 있다고 생각한다. 표제어로 알아채는 과정을 '단어재인(word recognition)'이라고 부르고, 마음속 사전을 '심성 어휘집(mental lexicon)'이라고 부르며, 단어재인을 통해 사전 속에 포함된 정보에 다가가는 과정을 '어휘접속(lexical access)'이라고 부른다. 이 접속의 결과로 그 단어에 관한 모든 정보를 우리 마음속에 떠올릴 수 있게 된다.

단어의 파악 과정은 아주 신속히 일어나는 것이기에 단어재인과 어휘접속의 경계가 명확하지 않고 거의 함께 일어나는 것이라고 여기기도 한다. 이제 독자들도 어휘 처리 과정에 관한 이 장의 제목을 왜 "어휘 파악: 마음 사전에 접속하기"라고 붙였는지 이해하게 되었을 것이다. 물론 이 두 과정을 분리하여, 각 과정이 일어나는 과정과 처리의 결과물, 즉 표상에 대해 여러 이론과 모형이 제시된다. 관심 있는 독자는 조명한 외(2004)를 참조하길 바란다. 그렇다면 이러한 단어재인 과정이나 어휘접속 과정 그리고 나아가 마음속에 있는 어휘집, 즉 사전의 구조를 어떻게 알 수 있을까? 이 연구 결과를 이해하기 위해서는 우선 연구를 하는 방법에 대한 기본적인 지식이 필요하기에 이것부터 설명하자. 모든 언어심리학에서 사용되는 연구 방법들은 직관적으로 이해할 수 있는 것이기에 미리 겁먹지 말고 각각을 잘 따라가며 그 연구 방법들을 사용하는 이유를 잘 이해하길 바란다.

2. 다양한 연구 방법을 통한 발견

언어심리학자들은 단어 이해 과정을 알아보기 위해 여러 다양한 과제를 개발해 왔다. 가장 단순한 방법은 컴퓨터 화면에 한 단어를 제시하고 가능한 한 신속하게 이 단어를 소리 내어 말하도록 하는 방법으로 '단어 말하기(word naming)' 과제라고 부른다. 그리고 단어 제시부터 발음하기까지의 시간을 100분의 1초 단위로 측정한다. 말하자면 단어를 보고 사전을 찾는 데 걸리는 시간을 측정하는 셈이다.

다른 방법은 화면에 제시한 글자가 단어인지 여부를 판단하여 '예' '아니오'로 반응하는 시간을 측정하기도 한다. 예를 들어, 우리 한국어에서 '핸기'는 단어가 아니고(비단어), '행동'은 단어이다. 즉, 단어가 되는지 여부를 판단하는 시간 역시 마음속에 있는 어휘집을 찾아보는 과정일 것이라는 가정을 하는 것이다. 이는 언어심리학 연구에서 가장 많이 사용되는 방법의 하나로 '어휘 판단과제(lexical decision task)'라고 부른다.

물론 실제 실험 상황에서는 단어와 비단어를 무선적으로 제시하여 어느 단어가 나올지를 예측할 수 없게 해야 한다. 그리고 한 단어에 대한 판단을 하고 난 후 다른 단어를 연이어 제시하는 데 앞선 단어와 다음 단어의 관련성을 조작하여 여러 비교 조건을 만들어 나중에 설명할 점화 과제와 결합시키기도 한다. 점화 과제는 뒷장을 참조하길 바란다. 여하튼 단어처리 과정에 관한 연구에서 이 방법은 가장 자주 쓰인다.

혹은 문장을 보여 주며 그 문장 속에 있는 단어들에 눈 고정이 이루어지는 시간을 측정할 수도 있는데, 이 역시 최근에 많이 사용되는 방법이다. 다음 [그림 5-1]은 필자의 실험실에서 사용되는 안구운동추적 장치를 보여 주고 있다.

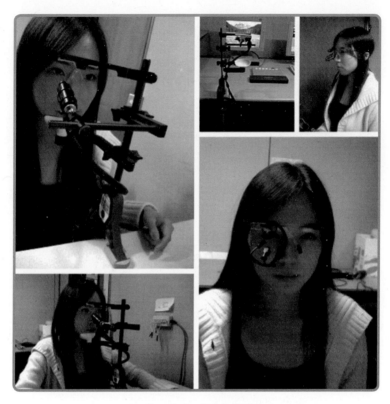

[그림 5-1] 안구운동추적 장치

1) 사용 빈도 효과

이들 방법을 통해 나타나는 가장 믿을 만한 결과의 하나는 소위 말하는 '사용 빈도 효과'이다. 즉, 우리가 자주 사용하는 단어, 다시 말하면 사용 빈도가 높은 단어들은 그렇지 않은 단어에 비해 말하는 시간이나 어휘 판단을 하는 시간이 빠르다. 앞에서 보여 준 안구운동추적 장치를 통해 눈 고정 시간을 측정해 보면 고빈도, 즉 자주 사용하는 단어가 저빈도에 비해 약 100ms 정도 짧다. 보통 우리가 자주 사용하는 단어들은 그렇지 않은 단어에 비해 길이가 짧지만, 이 길이를 같게 하여도(즉, 낱자의 수가 같은 단어를 비교해 보면) 사용 빈도 효과가 나타난다. 반응이 빠르다는 것이 무슨 의미일까? 빠르다는 것이 마음속 사전의 앞자리에 위치하고 있다는 것일까? 언어심리학자들은 그렇게 생각한다. 즉, 우리의 마음속에 있는 사전은 적어도 가나다 순서(혹은 ABC 순서)가 아니라 사용의 빈도로, 즉 사용 빈도가 높은 단어들이 앞에 배치되어 있는 구조라고 추측하고 있다.

2) 이웃 크기 효과

한편, 단어들은 서로 낱자 수준에서나 음운 수준에서 비슷한 특성을 공유할 수 있다. '신문'이라는 단어는 '심문' '인문' '신분' 등의 단어와 각 한 낱자만 다르며, 보통 이를 그 단어의 이웃이라고 부르는데, 이 이웃의 크기가 어휘 판단에 영향을 끼친다고 한다. 일반적으로 이웃이 많은 단어에 대한 처리나 판단이 빠르다고 하여 이를 '이웃 크기 효과(neighborhood size effect)'라고 부른다. 이 역시 우리의 마음속 어휘집이 어떻게 구성되어 있느냐에 관한 시사를 주는 발견이다. 이를 통해 유사한 낱자와 음운 단어들이 함께 모여 있다고 생각할 수 있다.

2. 다양한 연구 방법을 통한 발견   107

3) 점화 효과

앞에서 언급했던 어휘 판단과제를 다시 기억하기 바란다. 이 과제
에서는 한 문자 배열을 제시하고 그것이 단어이면 '예' 반응을, 그렇지
않으면 '아니오'라는 반응을 하게 하고 그 시간을 측정한다. 실제 실
험 상황에서는 이런 식으로 단어와 비단어를 무선적으로 제시하며,
사람들의 '예' '아니오' 반응도 무선화하여 사람들이 어떤 자극과 반응
을 해야 할지 예측할 수 없게 한다고 앞에서 설명하였다. 그리고 여기
에 더해 실험 상황에 몇 가지 변화를 주면 흥미로운 주제를 탐구할 수
있다. Mayer와 Schvaneveldt(1971)의 실험 예를 들어 보자.

영어 단어인 'Bread'를 제시하고 곧이어 'Butter'를 제시하는 조건
과 'Nurse'를 단어를 제시하고 'Butter'를 제시하는 조건을 비교하며
'Butter'에서 '예'라고 반응하는 시간을 측정했다고 하자. 물론 앞에서
말한 것처럼 실제 실험에서는 'Plame'이나 'Reab' 같은 비단어도 무선
적으로 제시하며 '아니오'라는 반응도 나오게 한다. 독자들도 예측해
보기 바란다. 'Bread-Butter'와 'Nurse-Butter' 중 어느 경우에서 두 번
째 단어에 대한 반응이 빨랐을까, 혹은 차이가 있을까 없을까? 모든
반응이 1초 이내 이루어지는 빠른 과정이기에 이 차이를 실감하기가
어렵지만 실험 결과는 전자가 후자에 비해 약 100ms 빠르게 나온다.
왜 그럴까? 독자들도 이미 알아챘겠지만 전자는 마치 숙어처럼 함께
사용되고 후자보다는 의미상 서로 밀접하게 관련되어 있다. 즉, 한 단
어를 마음속 사전에 접속하여 그 의미를 파악한 후에 그 의미와 연관

된 다른 단어의 어휘접속이 빨라지게 되는 효과라고 할 수 있다. 이를 '불이 붙어 관련된 다른 단어에까지 넘겨 붙게' 된다는 의미에서 '점화(prime) 효과'라고 부른다.

사실 영어 단어 'prime'에는 마중물이라는 의미도 있다. 재래식 펌프로 물을 퍼 올리려고 할 때, 우선 한 바가지 물을 넣고 펌프질을 해야 이 마중물이 더 많은 물을 끌어올리는 역할을 한다. 그런데 보통 인지심리학자들은 물보다는 불이라는 비유를 사용한다. 한 대상에 불이 붙으면 주변의 다른 대상에까지 이 불길이 퍼져 간다고 생각하기에 불을 붙인다는 점화라는 표현을 사용하는 것이고, 더 전문적인 용어로는 '불의 번짐 혹은 활성화의 확산(spreading of activation)'이라는 표현도 쓴다.

이 효과는 단어 혹은 단어의 의미, 즉 개념들이 우리의 마음속에 어떻게 체제화되어 있는가를 보여 준다. 다시 말해, 공간적으로 생각하면 연관된 의미들이 서로 가까운 위치에 자리 잡고 있다는 것을 보여 주는 것이다. 그리고 이러한 점화 효과는 우리의 의도적이고 의식적인 인지 활동이 아니다. 우리가 자각할 수 없지만 한 정보와 관련된 여러 정보가 마음속에서 이미 '불이 붙어' 인지 활동에 영향을 끼칠 수 있는 상태가 되는 것이다. 이 점화 효과를 본 장에서는 언어처리의 한 하위 단계인 어휘접속의 문제와 관련지으면서 설명했지만 사실 이 효과는 아주 보편적인 인지 현상이라고 할 수 있다. 즉, 지각, 기억, 사고, 판단, 정서 등 거의 모든 인지 활동에서 관찰할 수 있다. 그러기에 노벨상 수상자인 Kahneman(2011) 같은 인지심리학자는 인간의 인지가 이중체계라는 주장을 하기도 한다. 즉, 직관적이고 신속하며 무의식적이고 자동적인 체계 1과, 반추적이고 느리며 의식을 동반하고 통제하에 이루어지는 체계 2를 구분하는데, 바로 전자의 예가 여기서 설명하고 있는 점화 효과가 된다.

3. 한글 단어의 처리

한글 표기는 앞에서 잠깐 이야기했듯이 여러 흥미로운 연구 주제가 된다. 특히 우리말 단어의 대부분을 차지하는 한자 단어가 대표적인 예이다. 예를 들어, '학생(學生)'이라는 단어는 '배울 학'과 '살 생'으로 구성된다. 하지만 같은 한자 표기를 사용하는 중국, 일본, 한국은 이 단어를 아마 서로 다른 음으로 읽을 것이다. 발음이 다르다는 것은 특정한 글자 표기를 자기 소리말에 맞춰 사용하는 것이기에 굳이 이 표기를 중국 글자라는 의미에서의 한자(漢字)어(sino-Korean word)라고 표현하기보다는 '동북아 글자(동북아 지역에서 사용되는 표기 방식)'라고 부르는 게 더 타당해 보일지도 모른다. 여하튼 할 말은 많지만 줄이고 한 실험 결과만을 소개한다.

앞에서 '반칙(反則)'이라는 단어를 예로 들었는데 이는 이광오(조명한 외 2004; Yi, 2009)의 실험에서 가져온 것이다. 이 단어 다음에 '반항(反抗)' '반장(班長)' '공개'와 같은 단어에 대해 어휘 판단과제를 한다면 점화 효과가 나타날까? 확실한 것은 '반항'과 '반장'은 '공개'(일종의 비

교 통제 단어)와 달리 '반'이라는 같은 표기, 즉 한국어 음절을 포함한
다. 그런데 '반항'은 '돌이킬 반'이라는, 같은 의미의 형태소를 갖지만
'반장'은 단지 글자만 같고 뜻은 다르다. 즉, '반장'에서의 '반'은 학급
이라는 의미를 가진다. 한 가지 필자가 이야기하지 않은 것이 있는데
점화 효과는 때로는 처리를 빠르게 한다는 의미에서 반응시간의 촉진
으로 일어날 수도 있고, 반대로 반응을 늦춘다는 의미에서 억제 효과
로 나타나기도 한다. 그렇다면 다시 한 번 생각해 보자. 어떤 점화 효
과가 일어날까?

실험 결과는 두 단어의 간격이 길 경우 같은 형태소를 포함하는 '반
항(反抗)'에서는 촉진적인 점화 효과가 나타났으나, 다른 형태소가 포
함된 '반장(班長)'에서는 억제적 점화 효과가 나타나지 않았다. 그런데
이 두 단어의 간격을 아주 짧게 했더니(보통 1초 이하로) '반장(班長)'
에서는 억제적 점화 효과가 일어났는데 '반항(反抗)'에서는 촉진 효과
를 보이지 않았다. 이 결과가 의미하는 바는? 아마 독자들도 이 지점
에 이르러서는 머리가 빙빙 돌지 모르겠다. 실험 상황과 결과, 시사점
이 머릿속에서 엉켜 있어 깨끗하게 정리가 안 될지 모르니 이렇게 생
각해 보자.

보통 우리는 낱자나 음소가 결합되어 자음-모음-자음의 형태소
를 이루고 이 형태소들이 모여 단어가 이루어진다고 생각한다. 즉,
'낱자-형태소-단어'의 구조를 이룬다. 그렇다면 두 단어의 간격이 짧
건 길건 관계없이 모두 '반항'에서는 표기와 의미가 일치하기에 강한
촉진 효과가 나와야 하며, '반장'에서는 의미가 다르지만 같은 표기에

서 보이는 상대적으로 약한 촉진 효과가 나와야 한다.

그런데 이런 예측과 다른 실험 결과는 이러한 위계적인 구조로 단어재인이나 어휘접속이 이루어지는 것이 아니며, 우리말에서는 한자어(동북아 글자)의 형태소 처리가 따로 존재하고 여기서 선별적으로 촉진과 억제의 작용을 한다고 생각해야 된다는 것이다. 그래서 Yi(2009)는 [그림 5-2]와 같은 모형을 제시한다.

이 그림에 관한 몇 가지 부연 설명이 필요하다. 우선 맨 아래의 표기 수준과 음성 수준은 각기 단어를 본 경우와 들었을 경우의 입력을 의미한다. 그 위에 어휘 수준이 자리 잡고 있고, 형태소 수준은 이 두 수준의 사이가 아닌 어휘 수준과는 별개의 장치로 존재한다는 것이

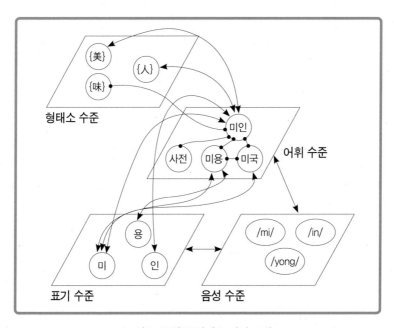

[그림 5-2] 한글 형태소 처리 모형

이 모형의 핵심이다. 그리고 화살표(←)로 연결된 것은 촉진관계(혹은 흥분관계)를 의미하며, 점으로 연결된 선(←)은 억제관계를 표현하고 있다. '미'라는 형태소 표기는 어휘 수준에서 '미인' '미용' '미국'을 활성화 촉진하고, 이 '미'는 형태소 수준에서 '아름다울 미(美)'를 촉진하지만 다른 '맛 미(味)'는 억제하게 된다.

　이 모형에서 강조하는 것은 앞서 이야기했듯이 우리말의 한자어는 통상적이지 않은 처리와 표상 구조에서 다루어진다는 점이다. 물론 실험 결과에 대한 대안적인 설명이 있을 수 있기에 추후 새로운 실험이 필요하기는 하다. 여하튼 어떤 시사점이 있을까? 우리말 어휘에서 한자어(동북아 글자)는 거의 70%에 이른다고 한다. 이 한자어(동북아 글자)를 배움으로 인해 우리의 심성 어휘집에 변화가 생기는 것이 아닐까 생각해 본다. 사실 한자어(동북아 글자)는 그 단어에 대한 깊은 이해를 가능하게 하여 의미를 풍부해지게 하고, 또 다른 같은 형태소를 포함하는 단어들 간의 관련성을 쉽게 파악할 수 있게 한다는 장점이 있다. '배울 학(學)' 한 자로 이를 포함하는 수십 개의 단어들이 아주 산뜻하게 묶여져 표상될 수 있고 처리될 수 있기 때문이다. 물론 같은 '학'이지만 '배울 학'이 아닌 경우는 문제가 된다. 여하튼 사실 필자도 학생들이 한자어(동북아 글자)를 가능한 한 일찍 배우는 것이 우리말 어휘력 증진에 좋다는 생각이다.

4. 다의어처리

어휘접속의 문제에서 그냥 지나칠 수 없는 주제가 단어 의미의 다의성이다. 여러분도 잘 아는 것처럼 '배'는 '먹는 과일' '바다의 운송 수단' '신체의 일부분' '숫자의 셈'이라는 여러 의미를 갖고 있다. 우리가 사용하는 국어사전에도 서로 다른 의미를 가진 단어들을 번호를 붙여 나열한다. 그럼 우리의 마음속 사전인 심성 어휘집에도 같은 방식으로 구성되어 있을까? 그리고 여러 의미에 한 번에 접속할까 아니면 순서를 정해 하나씩 접속할까?

한 가지 명확히 해야 할 점이 있다. 앞에서 우리는 문장의 다의성에 대해 논의했는데, 이는 여러 단어들이 어떻게 묶이고 서로 어떤 통사적인 관계를 이루는가에서 생기는 다의성이다. 즉, 문법적인 관계를 계산하는 데서 생기는 다의성이다. 하지만 단어의 다의성은 여러 가능한 의미 중 어느 것을 어휘집에서 끄집어낼 것인가에서 생긴다. 전자는 계산의 문제이고, 후자는 표상된 정보의 사용 문제이다. '배'라는 단어를 보거나 들었다면 어떤 의미가 떠올라야 할까? 모든 의미를 전부? 아니면 문맥, 즉 문장이나 덩이글의 맥락에 맞는 하나의 의미만 끄집어낼 것인가? 이 의문에 답하기 위해서는 아무래도 어휘접속 자체만을 따지면 안 되고 문장이나 덩이글의 맥락을 고려해야 할 것이다. 예로, "과일가게에서 배를 집어 들었다."라고 하면 다른 의미가 아닌 먹는 과일의 의미만 끄집어내면 충분하다고 생각할 수 있고, 굳이 우리의 인지적 자원을 써 가며 여러 의미에 모두 접속하는 처리가 필요 없을 것이라는 게 상식적인 설명이다.

사실 이런 생각은 언어심리학도에게는 이론적인 중요성을 갖는다. 왜냐하면 언어를 이해하는 전체 시스템이 어떤 구조로 만들어졌을까 하는 '인지적 구조(cognitive architecture)'의 문제와 관련되기 때문이다. 이에 대한 논의는 이 책의 마지막 장에서 다시 다룰 것이며, 여기서는 간단하게 하나의 아이디어를 설명하자.

언어학 배경에 기반을 두는 언어심리학도들은 모듈, 즉 '단원성(modularity)'이라는 개념을 좋아한다. 언어 이해를 하는 장치로 말을 듣거나 글을 보는 '지각 모듈'이라는 하위 장치가 있고, 여기서 받아들인 정보로 어휘집에 접속하는 '어휘 모듈'이 있으며, 다시 단어의 문법과 의미 정보에 기초해 통사적 계산을 하는 '통사 분해 모듈'이 있을 것이라고 추측한다. 말하자면 언어 이해는 이러한 하위 모듈들이 상호작용하며 달성된다고 생각하는 것이다. 컴퓨터가 고장이 나면 고장 난 부분이 어디인지 찾아 그 하위 모듈(예, 디스플레이 모듈)만 교체하면 되는 것처럼, 각 모듈은 거의 자율적으로 자신의 일만 하는 독립적인 부분이라고 생각한다. 즉, 모듈, 단원성의 중요한 특성은 독립성과 자율성이다. 다른 처리 과정에 영향을 받지 않고 신속하게 자신의 일만 하면 되는 처리 체계이다.

그러면 정말 단어재인과 어휘접속 장치가 모듈, 즉 단원성을 갖고 있을까? 만약 이를 받아들인다면 앞에서 예로 든 '배'라는 단어의 의미 접속을 다르게 예측해야 한다. 앞에서는 이 단어의 의미 중 맥락에

맞는 의미만 활성화, 즉 끄집어낼 것이라고 생각하였다. 다시 말하면
"과일가게에서 배를 집어 들었다."라고 하면 다른 의미가 아닌 먹는
과일의 의미만 끄집어내면 충분할 것이라고 생각하였다. 하지만 어
휘접속이 모듈이라면 '배'의 모든 의미가 활성화되어야 한다. 어느 생
각이 맞을까? 이를 확인하기 위해서는 정교한 실험 설계와 논리가 필

[그림 5-3] Swinney(1979) 실험상황

요하다. 비록 영어를 가지고 한 실험이기에 다소 이해가 어려울지 모르겠지만 Swinney(1979)의 실험을 따라가며 그 논리를 이해하는 즐거움을 느껴 보자.

[그림 5-3]과 〈표 5-1〉에 실험 상황과 실험 문장을 제시하였다. 우선 복잡하니 한 가지씩 설명하자. 이 실험은 '교차 양상 점화과제(cross-modal priming task)'이다. 피험자는 여러 문장으로 이루어진 글을 듣는데, 이 내용을 잘 이해해야 한다. 그러면서 동시에 이따금씩 모니터에 어떤 글자가 나타나는데 이것이 단어가 되는지를 판단하여 앞에 있는 '예' '아니오' 반응판을 누른다. 이처럼 듣기와 보기라는 서로 다른 감각 양상이 교차한다는 의미에서 '교차 양상'이라고 표현한 것이다. 본 단어에 대한 반응은 여러분이 앞에서 이미 본 어휘 판단과제라고 할 수 있다. 실험자가 관심을 갖는 것은 듣는 문장이 보는 단어의 어휘 판단과제에서 과연 점화 효과를 일으킬 것인가이다.

우선 〈표 5-1〉의 왼쪽 위 조건(즉각 어휘 판단과 다의 조건)을 보기 바란다. 이 실험에서 사용한 영어 다의어는 'BUGS'로 이는 '벌레'와 '도청 장치'라는 두 가지 의미를 갖고 있다. 그런데 이 단어에 앞서는 문장에서 피험자는 다음과 같은 내용을 듣게 된다.

"몇 년 동안 정부 건물이 전염병으로 오염되었다는 소문이 돌았다. 그래서 그 사람은 자신의 방 모서리에서 거미, 바퀴벌레와 다른 벌레들(다의어: BUGS, 일의어: INSECTS)을 보게 되어도 놀라지 않았다."

〈표 5-1〉 Swinney(1979) 실험상황

	Ambiguous (다의 조건) Critical Word	Unambiguous(비다의 조건) Critical Word
Immediate Lexical Decision (즉각 어휘 판단 조건)	Rumor had it that for years the government building had been plagued with problems. The man was not surprised when he found several spiders, roaches, and other BUGS▲ in the corner of his room.	Rumor had it that for years the government building had been plagued with problems. The man was not surprised when he found several spiders, roaches, and other INSECTS in the corner of his room.▲
Delayed Lexical Decision (지연 어휘 판단 조건)	Rumor had it that for years the government building had been plagued with problems. The man was not surprised when he found several spiders, roaches, and other BUGS in the corner of his room. ▲	Rumor had it that for years the government building had been plagued with problems. The man was not surprised when he found several spiders, roaches, and other INSECTS in the corner of his room. ▲

Lexical Decision Words: ANT (contextually appropriate)
(어휘 판단 단어) 　　　SPY (contextually inappropriate)
　　　　　　　　　　SEW (control)

이처럼 '거미, 바퀴벌레' 등의 벌레 이름이 나열되기에 'BUGS'를 벌레로 읽는 것이 자연스럽다. 그리고 ▲로 표시된 위치인 이 단어 바로 다음(즉시 조건)에 표의 아래 부분에 제시된 'ANT' 또는 'SPY'라는 단어에 대한 어휘 판단 시간을 비교하였다. (물론 'SEW'라는 의미상 관련이 없는 단어도 비교하는 통제 조건으로 사용한다). 만약 맥락이 다의어의 한 가지 의미에만 접속하도록 한다면 의미상 관련이 있는 'ANT'에서만 점화 효과가 나타나야 하고 'SPY'에서는 나타나지 말아야 한다. 독자들도 잠시 읽기를 멈추고 함께 이 예측을 생각해 보길 바란다.

반대로 어휘접속 장치가 모듈이라면 두 의미가 맥락에 관계없이 끄집어내져야 하기에 'ANT'와 'SPY' 모두에서 점화 효과가 관찰되어야 한다. 실험 결과는 후자의 예측, 즉 이 두 단어 모두에서 점화 효과가 나타났으며, 이는 맥락에 관계없이 두 의미가 모두 활성화되었다는 것을 의미한다.

독자들은 왜 '도청 장치'라는 불필요한 의미가 활성화되었을까 의아하게 생각할지 모르겠다. 아마 실험자들도 비슷한 생각을 했는지, 이들도 〈표 5-1〉의 왼쪽 하단에 있는(지연 조건) 'BUGS'라는 단어에서 3음절 정도 떨어진 'corner'라는 단어 위치에서 역시 같은 단어에 대한 어휘 판단 시간을 비교하였다. 어떤 결과가 나왔을까? 흥미롭게도 이 위치에서는 맥락에 맞는 'ANT'에 대해서만 점화 효과가 나타났고, 'SPY'에서는 나타나지 않았다. 이 결과가 의미하는 것은? 말하자면, 200ms 후에는 맥락에 맞는 의미만 살아남고 다른 의미는 사라진 것이다.

자, 이제 이 실험 결과와 앞에서 언급한 모듈이라는 문제를 함께 생각해 보자. 우선은 상식적인 생각처럼 다의어의 여러 의미들이 맥락에 맞춰 처리되는 것이 아니라, 초기 단계에서는 맥락과 관계없이 처리되기에 어휘처리가 독립적인 단원이라는 생각을 지지해 준다. 그리고 이 처리 후(즉, 약 200ms 후) 문장처리, 덩이글처리와 같은 다른 하위 장치와 상호작용하며 언어 이해가 달성된다는 것을 알 수 있다. 하지만 잠깐, 그러면 이 실험 결과 하나가 다의어처리의 문제를 다 해결한 것일까?

실제로는 한 실험의 결과는 문제의 해결이라기보다는 새로운 탐구의 출발점이 되는 것이 보통이다. 우리들이 사용하는 단어들은 여러 복잡한 속성을 포함하고 있다. 구체적으로 한 단어의 여러 의미들이 모두 다 동등하게 사용되는 것은 아니다. 어떤 의미는 단어의 핵심적인 의미로서 더 자주 사용되는 경우가 있을 수 있다. 예로, '여권'이란 단어는 보통 '여행'이라는 의미와 관련되어 빈번하게 사용되지만, 한자말이기에 '여성의 권리'라는 덜 빈번하게 사용되는 의미도 있다. 맥락의 문제도 있다. 특정 단어의 한 가지 의미만 아주 강하게 활성화시킬 수 있는 맥락이 있을 수 있고 그리기에 자주 사용되지 않는 의미가 더 쉽게 끄집어내어질 수도 있다. 심지어는 한 개인의 어휘력의 차이도 영향을 끼칠 수 있다. 즉, 단어의 종류, 맥락의 영향, 개인 특성 등을 고려하는 더 정교한 실험과 탐구가 필요하게 된다.

단어재인과 어휘접속에 관한 많은 실험과 이론들이 있다. 특히 한국어 어휘는 앞서 형태소의 문제에서 보았듯이 한글이라는 독특한 표기, 한자어의 특성 등으로 인해 여러 흥미 있는 연구를 진행할 수 있다. 관심 있는 독자는 조명한 외(2004)의 책에서 '어휘 의미의 처리' 장을 참조하기 바란다.

5. 맺음말

세상에는 다양한 종류의 인간 언어가 존재하는데 이들 모두가 공유하고 있는 특성이 있으며 또한 언어에 따른 차이도 존재한다. 어휘접속 과정에서도 보편적인 빈도 효과, 점화 효과, 다의어처리 등이 우리말에서도 발견되지만 소리말을 표기하는 측면에서 각 언어 단어의 독특성이 나타난다. 한글은 알파벳과 비슷하지만 음절이 기본 단위가 되는 특성이 있고, 한자어의 사용으로 형태소처리 측면에서 차이를 보인다는 연구 결과는 여러 언어를 비교하는 연구의 필요성을 깨닫게 한다. 최근 들어 '카톡' 등과 같이 SNS에서 소리 나는 대로 풀어 쓰는 단어가 많이 나타나고 있는데, 이는 사실 한글 창제의 원래 의도로 돌아가는 것이라고 할 수 있기에, 단순히 문법에 맞지 않는다고 비난할 것이 아니라 이러한 새로운 소통의 방식이 어떤 점에서 이득이 있고, 또 어떤 점에서 문제가 될 수 있는지를 파악하는, 즉 우리가 어떻게 어휘를 새롭게 다루고 있는가를 살펴보는 새로운 언어심리학 연구 주제가 될 수 있을 것이다.

- 단어처리는 단어재인과 어휘접속으로 이루어진다.

- 글자의 낱자들 혹은 소리말의 음들이 확인되고 결합되어 마음속 사전이라고 할 수 있는 심성 어휘집에 접속하고, 그 결과 그 단어에 관한 정보들이 인출된다.

- 어휘접속 과정을 연구하기 위해 다양한 방법들이 사용되며, 특히 어휘 판단과제를 통해 단어처리에 영향을 미치는 요인들이 밝혀지고 있다.

- 단어의 사용 빈도 그리고 한 단어와 유사한 단어들이 어휘접속에 영향을 끼친다.

- 한국어에서 한자어의 경우, 의미를 갖는 최소 단위라고 할 수 있는 형태소가 독특한 영향을 끼치는 것으로 밝혀졌다.

- 두 개 이상의 뜻을 갖고 있는 다의어의 경우 덩이글 맥락과는 관계없이 모든 의미가 신속하게 활성화되고, 그 후 글 맥락에 맞는 의미만 살아남게 된다.

- 단어처리의 단원성에 관한 이론적 논쟁이 있다.

조명한 외 11인(2004). 언어심리학. 서울: 학지사.

Kahneman, D. (2011). *Thinking fast and slow*. New York: Farrar, Straus & Giroux.

Mayer, D. E. & Schvaneveldt, R. W. (1971). Facilitation in recognizing pairs of words: Evidence of dependencies between retrieval operations. *Journal of Experimental Psychology, 90*, 227–234.

Swinney, D. A. (1979). Lexical access during sentence comprehension: (Re) consideration of context effects. *Journal of Verbal Learning and Verbal Behavior, 18*, 645–660.

Yi, Kwangoh (2009). Morphological representation and processing of Sino-Korean words. In C. Lee, g. B. Simpson, & Y. Kim (Ed.), *The handbook of east asian psycholinguistics, Vol. III, Korean*(pp. 398–408). Cambridge: Cambridge University Press.

INTRODUCTION
TO
PSYCHOLOGY

06 _

종합: 언어를 이해하는 마음 아키텍처

언어심리학자는 언어 이해 과정에 관한 연구 결과와 기억이나 표상에 관한 인지심리학 연구 결과를 기반으로 언어 이해가 이루어지는 전체적인 건축구조를 만들어 보려 한다. 한 건물의 구조를 그리며 여기는 거실, 여기는 방을 배치하는 것처럼, 여기는 어휘처리, 여기는 통사처리, 여기는 언어 지식 등 전체적인 배치를 그려 보는 것이다. 그러면 지금까지 설명했던 연구 결과에 기초해 어떤 구조를 그릴 수 있을까? 이 장에서 하나의 아키텍처를 대안으로 제시하였다.

1. 언어 소통의 인지 과정

이 책의 처음부터 여기까지 읽어 온 독자라면 나름대로 긴 여정을 따라온 것이다. 여행을 정리한다는 의미에서 지금까지 읽었던 내용을 다음 그림을 보며 정리해 보자.

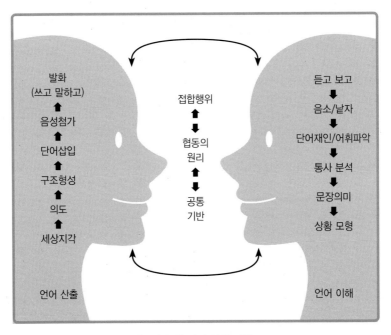

[그림 6-1] 언어 사용 과정

언어 소통은 기본적으로 두 사람 이상이 함께하는 접합 행위이며, 이는 청자와 화자가 서로 협동한다는 암묵적인 약속하에서 이루어진다. 그리고 이러한 약속을 구체화하는 과정이 공통기반의 형성과 확

인이며 이에 근거한 어휘, 문장, 담화 혹은 덩이글이 만들어지며 소리
말이나 글말로 표현된다. 2장에서 설명한 이 내용을 [그림 6-1]의 가
운데에 표시해 놓았다.

그리고 이를 듣거나 보며 소리의 단위인 음소나 글의 단위인 낱자
를 확인하는 것에서 시작하여 단어를 알아채고 마음속 사전에 접속하
여 의미, 문법, 등의 정보를 가져오게 되는데, 이는 5장에서 설명한 단
어재인과 어휘접속 과정이다. 아울러 어휘의 입력 순서와 문법 범주
정보에 기초해 어휘들이 묶이면서 이들이 갖는 통사적 관련성이 위계
적으로 계산되는 통사처리가 이루어지는데, 이 과정에서 어떤 원리와
전략이 사용되는가를 4장 '문장 이해: 다의성 해결하기'에서 설명하
였다.

그리고 이러한 개별 문장의 의미가 명제 표상으로 마음에 만들어
지고 여러 명제 표상들이 하나의 응집성 있는 구조로 만들어져 미시,
거시구조를 형성한다. 그리고 최종적으로는 화자나 필자가 이야기하
고자 하는 의도와 상황이 머릿속에 그림과 같은 모형으로 그려진다.
이 과정은 3장에서 설명하였다. 이 전체 과정이 본 책에서 기술하려
고 한 언어 이해 과정에 관한 언어심리학 탐구이며 [그림 6-1]의 오른
쪽에 그려져 있다.

그럼 왼쪽은? 손뼉도 마주쳐야 소리가 나듯이 이러한 '이해'의 다른
손바닥이 왼쪽에 그려진 '산출' 과정이다. 면대면 대화 상황처럼 이
산출과 이해가 실시간에서 긴밀히 상호작용할 수도 있고, 책을 읽는
경우처럼 필자의 글 산출이 다 일어나고 그 후에 독자의 읽기와 이해

가 일어날 수도 있다. 여하튼 말을 하건 글로 쓰건 이 산출 과정을 적극적으로 고려하며 함께 논의해야 하는데, 유감스럽게도 본 책에서는 이러한 산출 과정을 다루지 않았다. 왜? 지면의 제약이기도 하고 사실 지금까지의 언어심리학 연구의 대부분이 이해 과정에 집중했기 때문이다. 아무래도 특정한 단어, 문장, 덩이글을 제시하고 그 이해와 기억에 걸리는 과정을 시간으로 측정해 내기가 쉽기 때문이다. 물론 산출 과정에 관한 연구도 최근 많이 늘어나고 있다. 산출 과정에 관해서 한 가지만 짚고 넘어가겠다.

산출 과정도 이해와 마찬가지로 일련의 정보처리 과정으로 이루어질까? 말실수가 일어난 경우와 그 오류의 특성을 분석하거나, 여러 조건을 변화시킨 그림들을 소리 내어 말하거나 표현하게 해 산출의 과정을 연구할 수 있다. 그리고 그 과정을 구분해 내며 산출과정도 이해의 역순서와 같은 과정이 일어난다고 언어심리학도들은 생각한다.

[그림 6-1] 왼쪽에 그려진 것처럼 세상에 대한 지각에 근거해 말 혹은 글로 표현하고자 하는 의도가 우선 생기며, 여기서 출발하여 말하고자 하는 의미가 이해 과정의 명제 표상처럼 구성되어 표현의 틀이 만들어진다. 이를 그림에서는 '구조형성'이라고 표현했으며 Levelt(1989)는 이를 '통사적 계획 단계'라고 표현한다. 그리고 이 틀 안에 개별 단어들이 삽입되어야 하는데, 이를 '어휘화(lexicalization)'라고 부른다. 여기에 소리(음성)가 붙여지고(음운 부호화) 발화로 표출된다. 즉, 언어 산출 과정도 일련의 이해와 마찬가지로 과정을 거친다. 더 자세한 연구 결과는 조명한 외(2004)에 포함되어 있는 언어 산

출에 관한 장을 참고하길 바란다.

2. 언어 이해의 인지 구조

마지막으로 한 가지 더 지금까지의 설명을 정리하기 위해 해야 할
작업이 있다. 여러분이 새로 살게 될 집을 짓기 위해 그 건축 구조를
생각하며 설계한다고 하자. 물론 전문적인 설계는 건축학도에게 맡
겨야겠지만, 집에 있어야 될 방, 거실, 부엌 등 생활에 필수적인 기능
을 하는 부분들을 어떻게 배치하고 어떤 식으로 구조화할지 생각해
볼 것이다. '여기는 독립적인 공간이고 방해받지 말아야 하니 거실에
서 멀리 하고, 화장실은 이용의 편리를 위해 쉽게 접근할 수 있는 데
배치하고……' 등 머릿속에서 그 구조를 그려 볼 것이다. 바로 이와
같은 식의 작업을 언어심리학도들도 하고 싶어 한다. "언어 이해라는
큰 집에는 어떤 독립적인 기능을 하는 부분 혹은 하위 성분이 있어야
하고 이들이 어떤 식으로 배치되어 있을까?"를 생각해 보는 것이며,
이것이 언어 이해의 '아키텍처(architecture)'를 생각하는 모형 혹은 이
론이 된다. 왜 이런 생각을 하는 걸까? 서론에서 얘기했던 것처럼 이
작업이 바로 언어를 깨끗이 닦아 마음의 모습을 보는 작업일 수 있기
때문이다.

이러한 아키텍처를 그려 보는 다양한 방법이 존재한다. 우선 '어
떤 독립적인 하위 부분을 설정할 것인가'에서 시작할 수 있다. 독자들

은 5장에서 '어휘처리'가 단원 혹은 모듈인가 하는 논의를 기억할 것이다. 그리고 이 주제가 인지 구조의 문제와 관련된다는 내용을 기억할 것이다. 어휘가 두 가지 이상의 뜻을 가지고 있는데, 맥락에서 한가지 의미로만 사용된다고 해도 다른 의미가 덩이글 맥락하고는 상관없이 모두 활성화된다는 발견은 어휘접속이 모듈, 즉 다른 처리과정에 의해 영향을 받지 않는 독립적인 하위 체계일 수 있는 가능성을 시사하는 것이다. 이게 사실이라면, '어휘처리'는 따로 방을 배치해야 한다. 4장에서도 '통사 분해'가 독립적인 모듈인가에 관해 논쟁이 있다는 설명을 기억하길 바란다. 즉, 통사처리 과정에 아직 방을 따로 줘야 할지가 명확하지 않다는 말이다.

그런가 하면 연구자에 따라 이러한 단원성에 회의를 표현하는 연구자들도 많다. 언어 이해 과정은 여러 정보들이 여러 수준(즉, 어휘, 문장, 덩이글 등의 수준)에서 거의 동시에 병행적으로 계산되는 것이며, 여기에 장기기억에 있는 지식이 더해져 이들 과정이 상호 촉진과 억제를 통해 최종 결과물(이해)을 산출하는 것이라고 생각하기도 한다. 여러분도 최근에 접했겠지만, 인간에게 바둑을 이긴 '알파고'라는 프로그램에서 채택하고 있는 체계의 한 부분인 인공 '신경망(neural net)' 구조가 바로 이런 생각일 수 있다. 우리의 대뇌에 있는 뉴런의 연결을 모사한 구조를 언어 이해의 기본 구조로 채택할 수 있는 것이다. 이를 연결주의(connectionism) 아키텍처라고 표현하기도 한다.

이러한 여러 대안적인 아키텍처를 여기서 논의하며 독자들을 다시 혼란의 늪에 빠트리지는 않겠다. 단지 지금까지의 여러 설명을 정리

한다는 데 초점을 두어 대표적인 한 아키텍처만을 소개하겠다. 다음
[그림 6-2]는 Perfetti(1999)의 생각이며, 여기서는 독서 과정, 즉 글 읽
기 과정을 통한 언어 이해에 초점이 맞춰져 있지만 소리말 이해 과정
에도 최소한의 수정만으로도 충분히 적용될 수 있을 것이다.

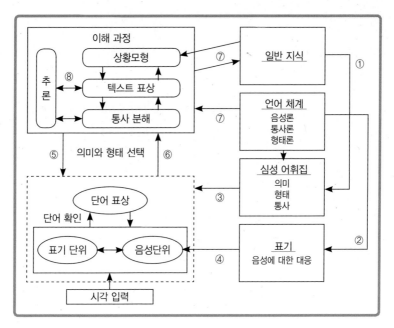

[그림 6-2] 읽기 이해 과정 모형

　전체적으로 보면, 크게 세 부분으로 설계가 되어 있다. 왼쪽에 큰
두 개의 상자가 있고, 오른쪽에는 네 개의 상자가 있다. 이 네 부분은
컴퓨터 구조로 치면 일종의 데이터베이스(DB)이다. 맨 위의 상자가
'일반 지식(General Knowledge)'으로 이는 우리의 장기기억에 있는 정
보를 표시한다. 독자들도 덩이글 이해 과정에서 추론의 바탕이 지식

이라는 3장의 설명을 기억할 것이다. 그리고 아래의 나머지 세 상자
는 언어 지식으로, 먼저 '언어 체계(Linguistic System)'에 관한 지식이
다. 여기에는 음성학, 통사론, 형태론에 관한 지식이 들어 있으며, 이
는 아마도 언어의 종류에 따라 다를 것이다. 독자들도 앞에서 한국어
의 경우 독특한 형태론적 처리가 일어날 것이라는 기술을 기억할 것
이다.

그리고 그 아래 '심성 어휘집(lexicon)'이 있으며, 이 역시 5장에서
설명한 것처럼 어휘에 관한 의미, 형태, 문법 범주 등의 정보가 들어
있는 DB라고 할 수 있다. 맨 아래 '표기 지식(orthography)'은 소리말
과 글말을 연결시키는 지식이다. 그리고 이들 DB 사이에 연결이 있
다. 세상에 관한 우리의 지식은 어휘집, 즉 개념적 지식과 밀접히 연
관되어 있을 것이기에 화살표로 표시하였고(①), 표기도 역시 언어학
적 지식이기에 두 번째와 네 번째 상자가 화살표로 연결되어 표시되
어 있다(②).

왼쪽의 큰 두 상자는 언어 이해에 관여하는 과정 혹은 처리 장치
를 나타낸 것으로 '단어 확인(word identification)'과 '이해 과정(com-
prehension process)'으로 구분되어 있다. '단어 확인' 부분은 우리가
5장에서 다룬 단어재인과 어휘접속의 과정을 나타낸다. 시각적 입력
정보에서 '표기 단위'와 '음성 단위'가 확인되어 단어 표상에 접속하는
것이고, 이 과정에서 오른쪽에 있는 두 DB, 즉 '어휘집'과 '표기 지식'
이 참조된다는 것을 화살표로 표시하고 있다(③, ④). 이 단어 확인 부
분을 따로 떼어 분리한 것은 우리가 앞에서 논의했던 것처럼 어휘 처

리가 모듈과 같은 단원성을 갖고 있다는 점을 받아들여 표현한 것이라고 할 수 있다. 그렇지만 단어 확인이 덩이글 맥락에서 영향을 받을 수 있기에 위의 이해 과정 상자에서 내려가는 화살표가 표시되어 있다(⑤).

단어 확인에서 뽑아내어진 정보, 즉 단어 의미와 단어 형태에 관한 정보가 그 위의 이해 과정 장치로 들어가고(⑥), 이 정보가 '통사 분해(parser)'와 '텍스트 표상'에 사용된다. 이 과정에서 '일반 지식' 과 '언어학 지식'이 참조되며(⑦) 3장에서 논의했던 것처럼 '추론 과정(inference)'이 일어날 수 있음을 화살표로 표시(⑧)하고 있다. 그리고 궁극적으로 글이 지칭하고 묘사하는 상황에 관한 이해가 달성되는 '상황 모형(situation model)'을 구축하는 처리를 작은 상자로 나타내고 있다. 이 역시 우리의 세상에 관한 일반 지식이 동원되지 않고서는 불가능한 것이기에 두 개의 주고받는 화살표가 표시(⑦)되어 있다.

전체적인 설계와 각 부분에 대한 이해가 어느 정도 되었다면 이번에는 눈을 감고 Perfetti(1999)가 그린 설계도를 머릿속에서 그려 보기 바란다. 마치 여러분이 사는 자신의 집 구조를 머릿속에 그리듯이. 그리고 각각의 상자 속에서 이루어지는 인지 과정과 그 안에 포함된 정보를, 여태까지 이 책에서 읽었던 내용을 중심으로 떠올려 보자. 물론 잘 안 되면 다시 책을 들춰 보아도 좋다. 이 작업을 통해 뭔가 어떤 모습이라도 그릴 수 있다면 독자 여러분도 언어심리학 탐구의 문지방을 넘은 게 된다.

3. 맺음말

본문에서 언급했듯이 이 장에서 제시한 아키텍처 그림이 언어 이해를 표현하는 유일한 설계도가 아니다. 실제 여러 언어심리학도가 대안적인 언어 이해의 아키텍처를 그리며 자신들의 주장이 타당하다고 경쟁하고 있다. 언어심리학 탐구의 깊이가 깊어지고 여러 새로운 발견과 이론적 설명이 발전하며 이 그림과는 전혀 다른 설계도가 그려질지도 모른다. 언어심리학 탐구에 발을 들여놓은 독자들도 언젠가는 나름대로의 설계도를 그려 볼 수 있기 바란다.

- 언어 이해 과정에 관해 설명했던 내용들을 소통이라는 틀 안에 정리하였고, 언어 산출과 관련지었다.

- 언어 이해가 이루어지는 과정과 여기에 관여하는 여러 정보를 표시한 인지 구조 설계의 한 예를 통해 전체 언어 이해의 큰 그림을 그려 보았다.

조명한 외 11인(2004). 언어심리학. 서울: 학지사.

Levelt, W. J. M. (1989). *Speaking from intention to articulation*. Cambridge, MA: MIT Press.

Perfetti, C. A. (1999). Comprehending written language. A blue print of the Re. In: Hagoort P, Brown C (Eds.), *Neurocognition of Language Processing*(pp. 167-208). Oxford: Oxford University Press.

INTRODUCTION
TO
PSYCHOLOGY

참고문헌 <<<

김영진(1995). 의사소통의 인지적 바탕(1): 공통기반의 확인 과정. 아주사회과
학 논총, 10, 221-242.

김영진(1997). 의사소통의 인지적 바탕(2): 참조 의사소통 과제에서의 공통
기반 형성에 관한 양적 증거. 아주사회과학 논총, 12, 20-39.

김영진(2016). 일상의 심리학. 서울: 맵씨터.

김영진, 임윤(2004). 한국어 주제 표지 명사구의 이해 과정. 한국심리학회지:
실험, 16, 483-499.

이송이(2011). 독서이해과정에서 작업기억의 역할. 아주대학교 석사학위
논문.

이정모(2009). 인지과학: 학문간 융합의 원리와 응용. 서울: 성균관대학교 출판부.

조명한 외 11인(2004). 언어심리학. 서울: 학지사.

조명한(1978). 언어심리학. 서울: 정음사.

조명한(1995). 언어심리학. 서울: 민음사.

Bransford, J. D. & Johnson, M. K. (1972). Contextual prerequisites for
understanding: Some investigations of comprehension and recall.
Journal of Verbal Learning and Verbal Behavior, 11, 717-726.

Clark, H. H. (1992). *Arenas of language use*. Chicago: University of
Chicago Press.

Clark, H. H., & Wilkes-Gibbs, D. (1986). Referring as a collaborative
process. *Cognition, 22*, 1-39.

Frazier, L. & Rayner, K. (1982). Making and correcting errors during sentence comprehension: Eye movements in the analysis of structurally ambiguous sentence. *Cognitive psychology, 14*, 178–210.

Grice, H. P. (1975). Logic and Conversation. In P. Cole & J. L. Morgan (Eds.), *Syntax and Semantics, Vol. 3: Speech acts*(pp. 225–242). New York: Seminar Press.

Haviland, S. E., & Clark, H. H. (1974). What's new?: Acquiring new information as a process in comprehension. *Journal of Verbal Learning and Verbal Behavior, 13*, 512–521.

Kahneman, D. (2011). *Thinking fast and slow*. New York: Farrar, Straus & Giroux.

Kim, Y., & Choi, K. (2009). Korean sentence processing. In C. Lee, G. B. Simpson, & Y. Kim (Ed.), *The handbook of east asian psycholinguistics, Vol. III, Korean*(pp. 443–441). Cambridge: Cambridge University Press.

Kintsch, W. (1998). *Comprehension: A paradigm for cognition*. Cambridge: Cambridge University Press.

Koh, S. (1997). The resolution of the dative NP ambiguity in Korean. *Journal of Psycholinguistic Research, 26*, 265–273.

Levelt, W. J. M. (1989). *Speaking from intention to articulation*. Cambridge, MA: MIT Press.

Mayer, D. E. & Schvaneveldt, R. W. (1971). Facilitation in recognizing pairs of words: Evidence of dependencies between retrieval operations. *Journal of Experimental Psychology, 90*, 227–234.

Perfetti, C. A. (1999). Comprehending written language. A blue print of the Re. In: Hagoort P, Brown C (Eds.), *Neurocognition of Language Processing*(pp. 167–208). Oxford: Oxford University Press.

Savitsky, K., Keyser, B., Epley, N., Carter, T., & Swanson, A. (2011).

The closeness-communication bias: Increased egocentrism among friends versus strangers. *Journal of Experimental Social Psychology, 47*(1), 269-273.

Swinney, D. A. (1979). Lexical access during sentence comprehension:(Re)consideration of context effects. *Journal of Verbal Learning and Verbal Behavior, 18*, 645-660.

Traxler, M. J. (2012). *Introduction to psycholinguistics: Understanding language science.* MA: John Wiley & Sons Ltd.

Yi, Kwangoh (2009). Morphological representation and processing of Sino-Korean words. In C. Lee, g. B. Simpson, & Y. Kim (Ed.), *The handbook of east asian psycholinguistics, Vol. III, Korean*(pp. 398-408). Cambridge: Cambridge University Press.

138

>>> 찾아보기

·인명·

• 내용 •

■ >>> 저자 소개

김 영 진(Youngjin Kim)

고려대학교 심리학과 학사

서울대학교 대학원 심리학과 석사

미국 켄트 주립대학교 대학원 심리학과 박사

현 아주대학교 심리학과 교수

〈주요 저서〉

일상의 심리학: 심리학이란 무엇인가(맵씨터, 2016)

인지심리학(3판, 공저, 학지사, 2009)

언어심리학(공저, 학지사, 2003) 등

심리학 입문 시리즈
인지 및 생물심리

언어심리: 핵심 주제

Psychology of Language: Central Topics

2018년 1월 25일 1판 1쇄 인쇄
2018년 1월 30일 1판 1쇄 발행

지은이 • 김영진
펴낸이 • 김진환
펴낸곳 • (주) 학지사

04031 서울특별시 마포구 양화로 15길 20 마인드월드빌딩
대표전화 • 02)330-5114   팩스 • 02)324-2345
등록번호 • 제313-2006-000265호

홈페이지 • http://www.hakjisa.co.kr
페이스북 • https://www.facebook.com/hakjisa

ISBN 978-89-997-1443-6 93180

정가 13,000원

이 도서의 국립중앙도서관 출판시도서목록(CIP)은 서지정보유통지
원시스템 홈페이지(http://seoji.nl.go.kr)와 국가자료공동목록시스템
(http://www.nl.go.kr/kolisnet)에서 이용하실 수 있습니다.
(CIP 제어번호: CIP2017033710)

교육문화출판미디어그룹 **학 지사**

심리검사연구소 **인싸이트** www.inpsyt.co.kr
원격교육연수원 **카운피아** www.counpia.com
학술논문서비스 **뉴논문** www.newnonmun.com
간호보건의학출판 **정담미디어** www.jdmpub.com